"3년은 너무 길다"를 외치며
결사적으로 싸웠습니다. 이제
새로운 민주진보정부 수립과
사회대개혁으로 달려가야 합니다.
위대한 국민은 이길 것입니다.
대한민국의 봄은 올 것입니다.

조국

조국의 함성

가장 뜨거운 파란 불꽃이 되어
검찰독재정권을 태워버리기 위하여

조국의

길 없는 길을 두려움 없이 가다

함 성

조국
지음

오마이북

머리말

이 책은 "3년은 너무 길다"를 내건 조국혁신당의 창당과 총선 승리, 22대 국회에서의 치열한 대(對) 윤석열 정권 투쟁, 모두를 경악케 한 윤석열의 12·3 위헌·위법 비상계엄에 맞선 결사적 싸움 등에서 조국이 역설했던 외침, 그리고 대법원 유죄 판결 후 투옥된 조국이 국민께 보낸 호소를 모았다. 2024년 한 해 가장 뜨거운 '파란 불꽃'이 되어 윤석열 검찰독재정권을 불사르고, 헌법과 법치의 파괴자 '법폭(法暴)' 대통령 윤석열의 본색과 윤석열 정권의 무도·무능·무책임을 드러내기 위해 신명을 바쳤다. 이 과정에서의 주요 연설, 기자회견, 회의 발언을 모으고, 당시 상황과 맥락에 대한 해설 및 현시점에서의 소회를 붙였다.

이 책 이전에 발간한 책들은 교수·학자로서의 연구서, 시론집, 법사상에 대한 대중용 해설서, 피고인으로서의 항변서였다. 이 책에서는 교수, 학자, 선비로서의 조국이 아니라 투사, 웅변가, 정치인으로서의 조국을 확인할 수 있을 것이다. 조국의 머리보다 가슴을, 지력(智力)보다 용력(勇力)을, 논리보다 직관을, 이성보다 감성을 느낄 수 있을 것이다.

평생 학자의 삶을 사는 것이 소명이라 생각했고 주변의 정치참여 권유를 '정치근육'이 없다며 고사했지만, 2019년 윤석열에 의해 전개된 조국과 그 가족에 대한 유례없는 전방위적 먼지털기식 표적 수사는 모든 것을 송두리째 바꾸어버렸다. 2023년 초겨울 정치인으로 변신해야겠다는 결심을 하고 몸을 던졌다. 문자 그대로 '백척간두진일보'의 결단이었다. 절벽에서 발을 내딛은 조국을 국민들이 받아주셨고, 살려주셨다. 정치인으로 '존재 이전'한 후 많은 사람들이 변모한 모습에 놀라워했다. "순한 사람이 화나면 무섭다더니"라는 말을 많이 들었다. 조국은 여전히 '순한 사람'이다. 그러나 용납할 수 없는 자들에게는 '무서운 사람'이 되고자 한다.

2024년 한 해 혼신의 힘을 다해 두려움 없이 싸웠고, 상당한 성과를 거두었다. 대법원 판결의 법리에 도저히 동의할 수 없지만, 판결을 감내하고 있다. 그러나 법률적 판단이 조국의 '운명'을 결정하도록 만들 수는 없다. 비록 갇혀 있지만, 조국혁신당 창당 시 결의는 변함이 없다. 조국혁신당 창당으로 열었던 "길 없는 길"을 계속 걸어갈 것이다.

이 책의 발간을 빌려, 조국혁신당 창당 이후 뜨거운 지지와 응원을 보내주신 국민, 기꺼이 신생 정당의 당원이 되어 헌신적으로 뛰고 계신 당원께 깊은 감사인사를 드린다. 창당 이후 당대표 메시지 초안 작성을 담당해온 최우규 실장과 황경신 비서관에게도 고마움을 표한다. 특히 황 비서관은 옥중에서 작성한 글을 타이핑하고 출판사와 소통하는 수고를 해주었다. 마지막으로《조국의 법고전 산책》에 이어 이번 책을 내주기로 결정한 오마이뉴스 오연호 대표, 오마이북 서정은 편집장께도 감사를 표한다.

2025년 1월 19일 윤석열이 구속된 날 새벽에

조국

차례

2부 • 탄핵으로 가는 쇄빙선

3부 • 위헌·위법 비상계엄부터 탄핵까지

4부 • 가장 뜨거운 파란 불꽃이 되어

1부

길 없는 길에
두려움 없이 서다

조국의 투쟁의 시작, 정치의 시작

— 정치참여 선언 2024년 2월 8일

2019년 법무부 장관 후보자로 지명된 후 온 가족이 전방위적 수사를 받았다. 대통령 민정수석비서관으로 추진했던 검찰개혁 과제를 완수하고 싶었으나, 역부족이었다. 이후 5년, 온 가족이 수사·기소·재판을 받는 '무간지옥(無間地獄)'을 겪었다. 2019년 '조국 사태'를 시작으로 윤석열 검찰은 문재인 정부와의 전면 대결에 나섰고, 윤석열 검찰총장은 대권 야망을 키워갔다.

나의 2심 판결이 다가오던 2023년 초겨울, 이렇게 살 수는 없다고 결심했다. 나에게 과오와 흠결이 있다고 하더라도, 최종적으로 유죄판결이 나온다고 하더라도 윤석열 검찰독재 정권과 정면으로 맞서 싸우겠다고 결심했다. 주변의 많은 벗과 동지들이 걱정을 하며 말렸다. 그러나 나의 결심은 확고했다. 2019년 촛불로 서초동 십자가를 만들어주신 국민을 믿었기 때문이다.

2024년 2월 8일 실망스러운 항소심 판결이 나온 날, 준비된 정치참여 선언문을 올렸다. 고독했다. 불안했다. 그러나 '야수적 용기'를 내기로 결심했다. 조국의 투쟁의 시작이었다. 조국의 정치의 시작이었다. 언론은 나의 정치참여 결심을 재판 결과와 결부시켜 공격했다. '조국 사태'의 책임을 정치참여로 덮으려고 한다는 비난이었다.

이 일이 있기 3개월 전인 2023년 11월 5일 〈김어준의 겸손은힘들다 뉴스공장〉에 출연해 '비법률적 방식의 명예회복'을 언급한 바 있다.

"지금 재판을 받고 있는데, 최대한 법률적으로 해명하고 소명하기 위해 노력을 할 것이고, 이것이 안 받아들여진다면 비법률적 방식으로 저의 명예를 회복하는 길을 찾아야 하지 않나라고 생각하고 있다."(〈김어준의 겸손은힘들다 뉴스공장〉 2023. 11. 5.)

그러자 '사적 복수를 하려고 정치하느냐?', '정치가 개인의 명예회복 수단이냐?'류의 비난이 쇄도했다. 하나하나 대꾸하지 않았다.

총선 이후 언론 인터뷰를 통해 '르상티망(ressentiment)'이라는 철학개념을 들어 정치참여 목적을 설명했다.

"사적 복수를 위한 정치를 한 적 없고 할 계획도 없다. (…) 불어로 '르상티망', 즉 불의한 강자에 대한 공적 복수를 이야기하는 거라면 그건 사실." (시사저널 2024. 6. 5.)

'르상티망'은 불의한 강자에 대한 공적 복수를 의미하는 불어다. 철학자 프리드리히 니체가 《도덕의 계보학》에서 '권력의지에 의해 촉발된 강자의 공격욕에 대한 약자의 복수감'을 포괄하는 의미로 제시한 개념이다. 나의 정치참여 계기를 가장 정확하게 설명하고 있다.

윤석열 정권 출범 이후 급속히 진행되고 있는 민주주의 퇴행과 대한민국의 후진국화를 저지하는 것, 그리고 정치적·법적 책임을 묻는 것, 이것이 정치하기로 결심한 이유다. 정치검찰이 휘두르는 망나니 칼을 온몸으로 겪은 나로서는 불가피한 선택이기도 했다.

나는 흠결을 인정하고 사과하는 것에서 이 길을 시작해야 한다고 판단했다. 그래서 페이스북에 올린 정치참여 선언문에 다음과 같이 썼다. "윤석열 정권의 일방적인 폭주와 무능, 무책임을 바로잡는 데 제 모든 힘을 보태는 것으로 국민께 끝없는 사과를 하려 합니다."

정치인 조국은, 당대표 조국은, 국회의원 조국은 이 흠결을 피할 수 없다. 외면하거나 감추지 않고 나의 모든 흠결을 마주하며 이 길을 가고 있었다.

윤석열 검찰독재의 표적은 조국이라는 개인을 넘어선

지 오래였다. 윤석열 정권은 분야를 막론하고 검찰 제일주의가 지배하는 검찰공화국이었다. 이들은 자신들의 '적'으로 찍은 개인이나 세력을 집요하게 탄압했다.

그보다 더 큰 문제가 있다. 우리 사회가 해방 이후 쌓아온 민주와 공정이라는 가치와 제도를 제멋대로 훼손했다. 목숨을 건 투쟁으로 따낸 민주공화국의 과실을 독식했다. 우리 사회 근간을 흔드는 짓이다. 누군가가 나서서 막고 끝내야 했다. 그래서 "검찰독재 조기 종식", "3년은 너무 길다"를 내건 나의 정치는 '공적 응징'이었다.

정치참여 선언문 2024년 2월 8일 페이스북

두려운 마음으로 새로운 길을 가려고 합니다.
모든 것이 후퇴하고 있는 윤석열 정권 아래에서 고통받고 있는 국민의 삶을 외면할 수 없었습니다.
무거운 마음으로 제가 가고자 하는 길을 말씀드립니다.

지금 저는 5년 전 법무부 장관 후보자로 지명받았을 때보다 더 큰 책임감을 느낍니다. 후보자로 지명받은 이후 저로 인해 국민들이 받은 상처에 대한 책임감만큼이나, 뭐라도 해야 한다는 의무감에 다시 국민 앞에 섰습니다.

오직 그 책임감과 의무감으로, 새로운 길을 만들어가겠습니다.

윤석열 정권의 일방적인 폭주와 무능, 무책임을 바로잡는 데 제 모든 힘을 보태는 것으로 국민께 끝없는 사과를 하려 합니다.

'검찰독재 시대', 우리가 살아가는 2024년 오늘을 많은 사람이 부르는 말입니다.
군사쿠데타로부터 40여 년이 흘렀습니다.
그사이 수많은 이들의 피와 눈물, 땀으로 우리는 민주주의를 이뤘습니다.
그런데 군부독재가 물러간 그 자리를, 한 줌 검찰집단이 다시 총성 없는 쿠데타로 장악하고 온갖 전횡을 휘두르고 있습니다.

군부독재정권이 총과 칼, 주먹과 몽둥이로 국민을 겁주고 때리고 괴롭혔다면, 검찰독재정권은 국민이 부여한 수사권과 기소권을 가지고 자기 마음에 안 드는 모든 이들을 괴롭히는 데 쓰고 있습니다.
야당 대표도, 여야 국회의원도, 언론사도, 전직 대통령 주변도, 상상을 뛰어넘는 폭력적 수사와 불법적 겁박으로 고통받고 있습니다.

내 편은 모든 걸 눈감아주고, 상대편은 없는 잘못도 만들어내거나 잘못이 나올 때까지 먼지를 터는 것이 검찰독재정권의 행동양식입니다.

대체 누가 윤석열 대통령에게 그런 권한까지 주었습니까.
단언컨대 국민은 아닐 것입니다.

여전히 본인이 검찰총장인 줄 아는 대통령이 정적을 괴롭히는 데만 골몰하는 사이 국민은 외환위기보다, 코로나 팬데믹 때보다도 먹고살기가 힘들다고 매일 한숨입니다.
한때 "자고 일어나니 선진국"이라는 말이 유행한 적이 있었습니다.
현 정권이 들어선 이후에는 "자고 났더니 후진국"이라는 말이 유행하다 요즘은 전쟁, 위기, 명퇴, 부도, 폐업과 같은 살벌한 말들이 연일 뉴스를 도배합니다.

대체 정부는 무엇을 하고 있는 것입니까.
이 정부에게 국민은 무엇입니까.

국민께서 큰불을 일으키기 위한 불쏘시개가 되라 하시면 그리하겠습니다.

조국의 함성

퇴행하는 역사의 수레바퀴 아래 몸을 던져 막으라 하시면 그리하겠습니다.

검찰집단의 횡포를 누구보다 온몸으로 겪은 사람으로, 어떤 어려움과 고난이 닥쳐온다 해도 회피하거나 숨지 않겠습니다.

저를 응원해주시는 마음뿐 아니라, 저에 대한 실망과 비판도 겸허히 듣겠습니다.

정치가 국민에 의해 움직일 수 있도록,

정부가 국민을 위해 일할 수 있도록,

저의 모든 힘을 다 바치겠습니다.

감사합니다.

2024년 2월 8일 조국

국민들과 함께 큰 돌을 들겠다

— 창당선언 2024년 2월 13일

2024년 2월 8일 정치참여를 선언했을 때 여의도 정치권 인사 다수는 나의 무소속 출마를 예측했다. 그러나 나는 이미 창당을 결심하고 소수의 동지들을 규합한 상태였다. 이어진 설 연휴가 끝난 다음 날인 2월 13일 부산민주공원에서 창당을 선언했다.

부산민주공원은 내가 졸업한 혜광고등학교 산복도로 인근에 위치하고 있기에 익숙한 공간이지만, 그날 기자회견 자리로 가는 계단 길은 무겁게 느껴졌다. 언론의 취재 열기는 약했다. 창당선언문 중 '돌을 들겠다'는 문구는 2023년 12월 4일 광주에서 열린 《디케의 눈물》(다산북스 2023) 북콘서트에서 했던 말을 다시 사용한 것이다. 이 북콘서트 진행을 맡은 김보협 전 한겨레 기자는 추후 조국혁신당 대변인으로 합류했다.

창당선언문을 읽고 기자들과 문답을 하는데 바람이 많이 불었다. 질문 중 한동훈에 대한 언급이 나와서 직설적으로 받아쳤다. 추후 속 시원했다고 말해준 사람들이 많았다. 총선 목표가 무엇이냐는 기자들의 질문에 10석을 얻어 원내 3당이 되는 것이라고 답했다. 시큰둥한 반응이 느껴졌다.

창당선언을 하고 내려오는데, 당시 민주개혁진보 선거연합 추진단장을 맡고 있던 박홍근 더불어민주당 의원이 강한 우려와 비판의 글을 올렸음을 알게 되었다. 창당은 민주진보 진영에 도움이 안 된다, 창당하더라도 더불어민주연합에 넣어주지 않겠다는 선언이었다. "조국의 강"을 건너야 한다는 당시 민주당의 주류적 인식과 분위기를 반영했을 것이다. 첫 번째 판단에는 동의하지 못했고, 두 번째 경우는 들어갈 생각도 없었다.

내가 부산에서 창당선언을 하던 날, 창당 실무진들은 서울 서교동 잔다리에 소재한 20평 남짓 사무실에서 첫 회의를 열었다. 조명도 난방도 제대로 되어 있지 않은 '창고' 같은 공간에서 조국혁신당을 시작했다. 우리 앞에 어떤 길이 펼쳐질지 아무도 몰랐다. 그러나 돌파하겠다는 의지만큼은 충만했다.

'조국의 당은 잘 안될 것', '조만간 막을 내릴 것', '기껏해야 2~3석 얻을 것', '조국 이슈 때문에 다른 이슈는 실종될 것' 등등의 조롱과 비난을 접하며 왜 걱정이 없었겠는가. 그것 때문이라도 나는 더 열심히 했다. 부산에서 창당선언을 한 2월 13일부터 3월 3일 창당대회까지 단 하루도 쉬지 않고 전국을 돌았다. 얼굴과 손이 검게 탔다. 몸무게는 4킬로그램이나 빠졌다.

나의 결심, 그들의 조롱 중 무엇이 맞는지 확인하고 싶었다. 거리에서 만난 국민들은 나와 악수하는 손에 힘을 줬다. 애국시민들의 열망을 실감하면서 초조함과 걱정은 점차 사라졌다.

4·10 총선에서 크게 부각되었던 구호 '지민비조(地民比祖)'가 언제 어디서 시작되었는지 모른다. 이 네 글자가 조국혁신당이 제시한 투표 전략으로 알려졌지만, '파란불꽃선대위' 차원에서 공식적으로 지민비조를 표방한 적은 없다. 다만 나는 2월 13일 부산민주공원에서 창당선언을 한 후 기자들과의 문답에서 다음과 같이 말했다.

"4월 총선에서 윤석열 정권을 심판하려면 부산을 포함한 모든 지역구에서 일대일 구도를 만들어야 한다고 생각한다. 윤석열 대 반윤석열 구도를 만드는 일에 저와 제가 만들 정당이 노력할 생각이다."

지역구 후보는 내지 않고 비례대표 선거에 집중하기로 결정하고, 총선이 1인 2표제라는 사실을 국민께 알리고자 노력했다. 고민 없이 교차투표를 할 수 있음을 알렸다. 그러자 야권 성향 유권자들이 순식간에 '지민비조'라는 조어를 만들어 소셜미디어와 동영상 공유 서비스에 알리기 시작했다. 또 "비례를 조국혁신당 찍기 위해 투표장에 나가서 지역구는 민주당

찍자"는 '비조지민(比祖地民)'이라는 조어도 돌기 시작했다.

창당 직후 이재명 더불어민주당 대표를 방문했다. "윤석열 정권의 조기 종식과 총선 승리를 위해 협력하자"면서 "민주당과 조국혁신당은 현재 대한민국의 질곡을 함께 헤쳐 나가야 할 동지"라고 선언했다. 연대와 협력을 통해 총선에서 양당이 같이 승리하자고 결의했다. 정권심판을 바라는 유권자 입장에서는 조국혁신당을 지지하면서 고민할 이유가 사라지거나, 적어도 옅어졌다.

'지민비조' 슬로건의 위력은 선거 후반부로 갈수록 강력해졌다. 국민의힘 지지세가 강한 지역에서는 심지어 '지국비조(地國比祖)', 즉 '지역구는 국민의힘, 비례대표는 조국혁신당'으로 투표하려는 움직임마저 확인되었다. 윤석열 대통령에게 부정적인 보수 성향 지역구에서 그랬다. 일부 국민의힘 후보들은 '지국비조'를 언급하며 위기감을 표출했다.

창당선언문 2024년 2월 13일 부산민주공원

국민 여러분, 조국입니다.

떨리는 마음으로 새로운 정당을 만들겠다는 뜻을 국민들께 밝힙니다.

창당선언 2024년 2월 13일 부산민주공원
©오마이뉴스 김보성

혼자서는 엄두도 내지 못할 결정이었지만 손을 잡아준 동지와 시민이 계셨기에 이 자리에 섰습니다.

대한민국은 지금 외교, 안보, 경제 등 모든 분야에서 위기에 처해 있습니다.
위기를 극복하고 다시 도약하느냐, 이대로 주저앉느냐 하는 기로에 서 있습니다.
초저출산과 초고령화로 인한 국가소멸 위기는 눈앞에 닥친 현실입니다.
국민은 저성장과 양극화에 신음하고 있고, 자영업자와 서민의 삶은 낭떠러지로 내몰리고 있습니다.

우리가 힘들게 관리해온 한반도 평화가 위협받고 있습니다.
해외 투자자들은 한반도에서의 전쟁을 우려해 투자를 회피하고 있습니다.
급변하는 산업 생태계와 기후위기의 변화에 선제적으로 대응하지 못한다면 대한민국은 생존을 걱정해야 합니다.

윤석열 정부는 어디에서 무엇을 하고 있습니까?

답답하다 못해 숨이 막힙니다.

정부 스스로 우리 평화를 위협하고, 과학기술 경쟁력을 저하시키고 있습니다.

비판하는 언론을 통제하고 정적 제거와 정치 혐오만 부추기는 검찰독재정치, 민생을 외면하는 무능한 정권을 심판해야 합니다.

4월 10일은 무도하고 무능한 윤석열 정권을 심판할 뿐만 아니라 복합 위기에 직면한 대한민국을 다시 일으켜 세우는 계기가 되어야 합니다.

완전히 다른 대한민국을 만들기 위해 시민들과 함께 행동하고자 합니다.

지역갈등, 세대갈등, 남녀갈등을 조장하고 이용하는 정치, 국가적 위기는 외면한 채 오로지 선거 유불리만 생각하는 정치는 이제 끝장내야 합니다.

무능한 검찰독재정권 종식을 위해 맨 앞에서 싸우겠습니다. 인기에 연연하지 않고 국가위기를 극복할 대안을 한 발 앞서 제시하는 정당을 만들겠습니다.

갈등을 이용하는 정치가 아니라 갈등을 조정하고 문제를 해결하는 정당을 만들겠습니다.

대한민국의 변화를 이끌어내는 강소정당으로 자리매김

조국의 함성

하겠습니다.

저의 힘은 미약하지만 국민들과 함께 큰 돌을 들겠습니다.
그 길에 함께해주시면 반드시 해내겠습니다.
많은 참여와 응원 부탁드립니다.
감사합니다.

3년은 너무 길다

— 조국혁신당 창당대회 및 당대표 수락 연설 2024년 3월 3일

4·10 총선에서 가장 히트한 구호는 무엇일까. 누가 뭐래도 "3년은 너무 길다"이다.

2024년 2월 13일 창당선언 후 2월 16일 전북특별자치도청에서 기자간담회를 열었다. 나는 "투표를 통해 윤석열 독재정권을 바꿀 수는 있겠으나, 3년 반이나 남은 기간이 너무 길다"라고 말했다. 이어 2월 19일 〈김어준의 겸손은힘들다 뉴스공장〉에 출연해서 "조국신당은 '3년은 너무 길다'가 핵심"이라고 말했다. 언론에서 이 말을 따서 제목으로 쓰기 시작했다. '검찰독재정권 조기 종식'이라는 기조가 "3년은 너무 길다"라는 구호로 등장하게 된 사연이다.

박근혜 대통령 탄핵 이후 '대통령 탄핵'이란 말은 여야가 모두 조심하는 금기어가 되었다. 대한민국 헌정이 멈춰 서는 불행한 일은 더 이상 없어야 한다는 인식이 우리 사회에 자리 잡았다. 실제 총선을 준비하는 야권에서도 '탄핵'의 'ㅌ' 자

조국의 함성

도 언급하지 않았다. 야당들은 윤석열 대통령을 맹공했으나 임기 부분은 건드리지 않았다.

그러나 나는, 그리고 조국혁신당은 총선 전략 기조를 '검찰독재정권 조기 종식'으로 잡기로 결정했다. 정권심판을 갈망하는 국민의 마음에 붙인 촛불이 곧 횃불로 자라났다. '조기 종식을 어떻게 할 것이냐'라는 의문보다 '조기 종식을 해야 한다'라는 당위가 강했다.

다만 '검찰독재정권 조기 종식'이라는 구호는 무미건조했다. 시민의 귀를 붙잡고 심장을 뛰게 할 매력적인 슬로건이 필요했다. "3년은 너무 길다"는 그런 고민 끝에 내가 직접 만든 구호다. 우리 당에는 전문 카피라이터도 없었고, 정치컨설팅 업체의 조언을 받지도 않았다.

"3년은 너무 길다"를 들고 나오자 다른 야당, 민주진보 진영에 우호적인 언론도 우려를 표했다. 탄핵 역풍에 대한 걱정이었다. 그러나 조국혁신당은 후퇴하지 않았다. 비유적이면서도 명쾌한 이 구호를 지지자들이 입을 모아 합창했고, 소셜미디어와 동영상 공유 서비스를 통해 확산시켰다. 마른 들판에 불길 퍼지듯 순식간이었다. 이승만 정권을 무너뜨렸던 "못 살겠다, 갈아보자" 이후 '최고의 정치 카피'라는 과한 칭찬도 받았다.

창당대회는 지금 돌이켜봐도 뭉클하다. 2월 13일 창당을 선언하고 '잔다리 사무실'에서 첫 실무회의를 연 후 19일 만에 중앙당 창당대회를 열었다. 소수의 실무인력으로 발기인 대회, 전국 여섯 곳 시도당 창당, 선거관리위원회 등록, 중앙당 창당 등의 과업을 이루어냈다. 그 헌신과 노고에 깊이 감사한다. 이들은 지금까지 주요 당직자로서 역할을 톡톡히 하고 있다.

3월 3일 일산 킨텍스 현장은 감동이었다. 전국에서 5000여 명의 당원 동지들이 모였다. 생애 첫 당원이 된 분들이 많았다. 정상진 현 홍보위원장이 한정된 예산으로 기획하고 준비한 행사는 멋지고 대단했다.

당 후원회장을 맡아주신 조정래 선생님의 격려 연설은 모두의 가슴을 울렸다. 대표 수락 연설을 하는데 단전에서부터 뜨거운 불덩이가 터져 나오는 것 같았다. 연습을 하지 않았는데―연습할 시간도 없었다―격정적 연설을 한 것이다.

수락 연설문을 보면, 조국혁신당의 정세 인식과 기본 전략이 잘 정리되어 있음을 알 수 있을 것이다. 2024년 조국혁신당은 이 연설에서 제시한 방향에 따라 싸웠고 많은 것을 쟁취했다.

이날 연설에서 "조국의 강"이라는 용어를 일부러 사용했다. 당시 다수의 여의도 정치권 인사들과 주류 언론은 조국혁신당 창당으로 야권이 다시 "조국의 강"을 건너지 못하게 될 것이라고 조롱했기 때문이다. "조국의 강"이라는 표현은 2019년 '조국 사태' 이후 민주당 등 민주진보 진영이 조국을 버려야

조국의 함성

한다는 주장에서 사용되었다. 그러나 조국혁신당 창당의 결과가 그렇지 않았음은 주지의 사실이다. 오히려 우리는 조국혁신당의 등장으로 "윤석열의 강"을 넘게 되었다고 자부한다.

조국혁신당 창당대회 및 당대표 수락 연설문 2024년 3월 3일 일산 킨텍스

사랑하고 존경하는 당원 동지 여러분,
반갑습니다. 조국입니다.
여기까지 오시느라 힘들진 않으셨나요?

멀리 부산, 울산, 광주, 전남에서 휴일에 새벽부터 먼 길 와주신 동지 여러분, 고맙습니다. 우리 모두를 위해 박수 한번 칠까요?

남녘에 매화가 만개했다고 합니다만, 아직 여기 날씨는 쌀쌀합니다. 하지만 여기 모이신 당원 동지 여러분의 열정이 우리의 마음과 몸을 녹이는 것 같습니다.
여러분과 함께여서 기쁩니다. 뿌듯합니다. 행복합니다.
여러분도 그러시죠?

지난 2월 13일 창당을 선언하고 19일 만에 중앙당을 창

조국혁신당 창당대회 2024년 3월 3일
ⓒ오마이뉴스 권우성

당하게 되었습니다. 짧은 기간 정신없이 달려왔습니다. 많은 분들이 도와주셨습니다. 함께해주셔서 정말 감사합니다.

어려운 결단을 하시고 창당준비위원장을 맡아주신 은우근 교수님, 김호범 교수님, 강미숙 작가님 그리고 후원회장을 맡아주신 조정래 작가님과 문성근 배우님, 대단히 고맙습니다.

사랑하고 존경하는 국민 여러분 그리고 당원 동지 여러분, 생애 처음으로 당원이 되고, 생애 처음으로 새로운 정당을 만들기 위해 우리는 이 자리에 모였습니다. 부족한 경험과 짧은 시간이었지만, 반드시 해내겠다는 열정과 동지애 하나로 달리고 달려 지금까지 왔습니다. 그리고 우리는 해냈습니다!

우리 당은 500명이 넘는 시민들의 당명 제안을 통해 조국혁신당을 우리 당명으로 채택하게 되었음을 보고드립니다.
그리고 조국혁신당은 여섯 개의 시도당, 5만 명이 넘는 당원들과 함께 중앙당을 창당하게 되었음을 국민 여러분께 보고드립니다.

강물이 흘러 바다로 나아가듯 이 자리에 계신 여러분 한 사람 한 사람의 의지와 열정으로 우리는 기적을 만들었습니다. 우리는 좌고우면하지 않고, 지치지 않고, 뚜벅뚜벅 나아갈 것입니다.

사랑하고 존경하는 국민 여러분 그리고 당원 동지 여러분, 저는 지난 5년간 '무간지옥' 속에 갇혀 있었습니다. 온 가족이 도륙되는 상황을 견뎌야 했습니다. 생살이 뜯기는 것 같았습니다. 찔리고 베인 상처가 깊었지만, 윤석열 정부 집권 후 죄인 된 심정으로 매일 성찰하고 또 성찰했습니다.

제 개인의 수모와 치욕은 견뎌낼 수 있습니다.
그러나 피와 땀으로 지켜온 민주공화국의 가치를 파괴하는 윤석열 정권의 역주행을 더 이상 지켜볼 수가 없었습니다. 그래서 정치참여를 결심하고, 창당을 결심했습니다.

창당선언 후 동참하는 시민들은 여러 이유를 말씀하십니다.
검찰독재를 조속히 심판하기 위해서, 민생경제의 파탄을 더 이상 두고 볼 수 없어서, 친일 뉴라이트 부류의 득세로 억눌린 민족정기를 바로잡기 위해서, 남북관계 경색으로 전쟁이 날까 겁이 나서 또는 조국이 불쌍하고 짠해서⋯. 저 조국, 이 모든 마음을 받아안으며 조국혁신당의 당대표직을 기꺼이 수행토록 하겠습니다.

오늘 저의 마음은 기쁘고도 무겁습니다.
여러분과 함께여서 기쁘고, 난생처음 해보는 정당의 대표라는 자리가 주는 책임감으로 무겁습니다. 과연 잘해낼 수 있을까? 실망을 드리는 것은 아닐까? 앞으로 우리 앞에 닥칠 현실이 만만치 않을 것이기에, 장애물이 겹겹이 놓여 있을 것이기에, 고민이 많고 마음이 무겁습니다. 하지만 여러분과 함께라면 견디고 이겨낼 자신이 있습니다. 여러분, 함께해주실 거죠?

사랑하고 존경하는 국민 여러분 그리고 당원 동지 여러분, 저는 지난 2월 22일 이태원 참사 합동분향소를 찾아 참배하고 유가족들을 만났습니다. 가슴속에 맺힌 피눈물을 보았습니다. 자식들 죽음의 진상을 밝혀달라, 정부가 우리의 호소를 한 번이라도 들어달라는 호소였습니다.

폭우 속에 대민지원을 나간 수근이는 구명조끼도 입지 못하고 급류에 휘말려 사망했습니다. 그는 한 집안의 장

손이고 외동아들인 스무 살의 꽃다운 청년, 고 채수근 해병입니다. 그러나 채 해병이 어떻게 죽었는지 사건을 수사하던 박정훈 대령은 항명죄로 해임당하고 기소되었습니다.

윤석열 대통령은 유가족들의 처절한 호소를 외면했습니다. 국회에서 이태원 특별법이 만들어졌지만, 윤 대통령은 거부권을 행사했습니다. 군대 보낸 외동아들의 죽음에 "이것은 살인입니다"라고 울부짖던 아버지의 절규에 정부는 답이 없습니다. 사건을 은폐하는 데 급급합니다. 서울 한복판에서 아무 잘못도 없는 159명이 목숨을 잃고, 군대 간 우리 자식이 죽었는데도 어떻게 죽었는지 왜 죽어야 했는지 모릅니다. 이 참담한 사태에 윤석열 정권의 누구도 사과하지 않았고 책임지지 않았습니다.

여기에 정부가 어디 있었습니까?
국가가 어디 있었습니까?
조국혁신당은 이분들처럼 국가권력의 무책임과 무능으로 고통받는 사람들과 함께 갈 것입니다.

앞으로 윤석열 정권이 남은 임기 3년 동안 도대체 무슨 짓을 할지 모릅니다. 대한민국을 어디까지 망가뜨릴지

조국의 함성

상상이 되질 않습니다.

이대로 두어서는 대한민국의 미래는 없습니다.

국민 여러분, 한번 생각해보십시오.

윤석열 대통령이 집권하고 한 일은 '정치보복'밖에 없었습니다.

자고 나면 뉴스에 검찰의 압수수색 보도, 감사원의 감사 보도가 나왔습니다. 엄격하게 정치적 중립을 지켜야 할 검찰과 감사원은 '정권의 돌격대'가 되었습니다.

윤석열 정권은 비판적인 언론에 대해 고소·고발을 남발하고 있습니다. '바이든'이 맞는지 '날리면'이 맞는지 온 국민을 상대로 청력 테스트를 하고 있습니다. 반면 대통령 가족과 정부 핵심 관계자들의 비리 의혹에는 침묵하거나 비호하고 있습니다. 대통령 경호실은 국정기조를 바꾸라는 국회의원과 R&D 예산 축소에 항의하는 카이스트 학생의 입을 틀어막고 사지를 들어 끌어냈습니다.

경제는 처참하게 무너지고 있습니다.

중동 석유파동 위기, 외환위기, 2007~2008년 글로벌 금융위기 때를 제외하고는, 우리나라가 경제개발계획을 세운 이래 50여 년 중 최저입니다. 심지어 코로나19 팬데믹 때보다 성장률이 더 낮아졌습니다. 대기업, 중소기업, 정규직, 비정규직을 불문하고 실질임금이 감소했습니다. 높은 금리와 치솟는 물가로 서민의 고통은 커져만 가고 있습니다. 고물가로 식당 김치찌개, 칼국수 1만 원 시대가 열렸습니다. 빚을 빚으로 막는 다중채무자 수도 450만 명으로 역대 최고 수준입니다.

우리 국민은 2년 전보다 가난해졌습니다. 그럼에도 윤석열 정부는 부자감세 정책을 폅니다. 경제가 무너지고 서민의 삶이 나락으로 내몰리고 있습니다. 표현의 자유, 언론의 자유, 정치적 기본권이 위협받고 있습니다. 한마디로 답이 없는 정권입니다. 무능한 정권입니다.

사랑하고 존경하는 국민 여러분,
문재인 정부의 검찰개혁 책임자로서 정치검사들의 준동을 막지 못하고 검찰공화국의 탄생을 막아내지 못한 과오에 대해 국민 여러분께 다시 한 번 머리 숙여 사과드립니다.
그런 저를 향한 비판과 비난, 질책은 오롯이 제가 짊어지고 가겠습니다. 그래서 저 조국은 결자해지의 심정으로, 윤석열 검찰독재정권을 하루빨리 종식시켜야 하는 소명이 운명적으로 주어졌다고 생각합니다.

저는 돌아갈 다리를 불살랐습니다.

조국혁신당의 당면 목표는 분명합니다. 검찰독재의 조기 종식과 민주공화국의 가치 회복입니다. 검찰독재를 끝낸 후 민생과 복지가 보장되는 '제7공화국'을 만드는 것입니다.

존경하는 당원 동지 여러분,
정치권과 보수언론은 '조국의 강'을 이야기하고 있습니다.
동지 여러분께 묻겠습니다.
대한민국의 앞길을 가로막고 있는 방해물이 조국입니까?
민주진보 세력의 앞길을 가로막고 있는 강이 조국입니까?

저는 분명히 말씀드립니다.
우리가 건너야 할 강은 '검찰독재의 강'이고, '윤석열의 강'입니다.
조국혁신당은 오물로 뒤덮인 '윤석열의 강'을 건너, 검찰독재를 조기에 종식하고 새로운 조국을 만들어갈 비전과 정책을 제시할 것입니다.

조국혁신당은 대한민국 공동체가, 민주개혁 세력이, 윤석열의 강, 검찰독재의 강을 건너갈 때 필요한 튼튼한 '뗏

목'입니다.

윤석열의 강, 검찰독재의 강을 건너갈 때 쓸 수 있는 성능 좋은 '수륙양용차'입니다.

조국혁신당은 검찰독재를 종식시키기 위해 가장 앞장서 싸우겠습니다. 작지만 강력한 야당, 선명한 야당이 되겠습니다.

윤석열 정권을 깨뜨리는 '쇄빙선'이 되겠습니다.

민주진보 세력을 앞에서 이끄는 '예인선'이 되겠습니다.

그리고 민주진보 세력의 승리를 위해 연대하는 정당이 되겠습니다. 대한민국 혁신을 위해 치열하게 고민하고 대안을 제시하는 정책정당이 되겠습니다.

조국혁신당은 감사원을 국회로 이관하고, 통제받지 않는 검찰의 독점적 권한을 해체하겠습니다.

인구소멸, 지방소멸의 시대에 교육개혁과 지역 균형발전을 동시에 추진하겠습니다.

RE100 등 에너지 대전환 시대에 맞는 지속가능한 성장 전략을 제시하고 기회균등과 격차 해소에 전력을 다할 것입니다.

과학기술 연구개발비를 획기적으로 늘리고, 과학정책을 과학기술자들이 주도하도록 만들겠습니다.

조국혁신당 창당대회 2024년 3월 3일

ⓒ오마이뉴스 권우성

육군사관학교 안에 있는 홍범도 장군의 흉상이 1센티미터도 이동하지 않도록, 그리고 대법원의 강제동원 배상 판결이 준수되도록 싸우겠습니다.

전쟁의 위협을 제거하고, 동북아 평화와 남북평화협력 체제 구축을 위해 행동하겠습니다.

존경하는 국민 여러분 그리고 당원 동지 여러분,

근래 이번 선거가 어려워졌다는 말이 들립니다. 검찰독재정권을 심판하고 민주진보 세력이 압승할 수 있는 선거였는데, 패배할 수도 있다는 말이 들립니다.

당원 동지 여러분, 비관하지 맙시다.

대신, 이제 우리가 바람이 됩시다.

우리 조국혁신당이 바람을 일으키면, 국민들이 심판의 태풍을 만들어주실 것입니다.

당원 동지 여러분, 우리가 검찰독재정권 심판과 조기 종식의 불길을 일으킵시다.

불은 가장 뜨거울 때 파란색이 됩니다. 우리가 가장 뜨거운 파란 불이 되어 검찰독재정권을 태워버립시다.

저부터 파란 불 하나가 되겠습니다.

저 조국은 조국혁신당의 대표로 국민들과 함께 검찰독재 정권 조기 종식을 위해 맨 앞에 서서, 맨 마지막까지 싸우겠습니다.

당원 동지 여러분, 함께해주시겠습니까?

이제 우리는 4월 10일까지 치열한 선거전에 돌입할 것입니다.

조국혁신당만 잘되는 선거는 안 됩니다.

전국에서 일대일 심판 구도를 만들어내고, 검찰독재 심판을 위해 힘을 모읍시다.

생각에 차이가 있더라도, 윤석열 검찰독재정권의 종식을 위해 연대하고 힘을 합쳐야 합니다. 이간질과 갈라치기에 넘어가지 맙시다.

그리고 주변 모든 분들이 4월 10일 투표장에 나가도록 권유하고 설득합시다.

우리 오늘은 창당대회를 마치고 헤어지지만, 전국 각지에서 바람이 되고 불씨가 됩시다.

4월 10일 총선까지 신발 끈 조여 매고 더 뜁시다. 손에 손을 잡고, 어깨에 어깨를 걸고, '윤석열의 강', '검찰독재의 강'을 건넙시다.

4월 10일 국민 여러분께 승리를 보고드릴 수 있도록 거

침없이 달려갑시다.

당원 동지 여러분, 우리는 승리할 것입니다!

당원 동지 여러분, 마지막으로 다 같이 힘차게 구호를 외쳐봅시다.
카드뉴스로 소개되었고, 여기 창당대회 장소에 걸려 있는 우리 당의 슬로건을 보아주십시오.
제가 앞 단어를 선창하면, 뒤 구절을 외쳐주십시오.
"3년은 너무 길다!"
"조국을 혁신하자!"
"시민이 행동한다!"
감사합니다.

조국의 함성

맨 앞에서 가장 마지막까지

―광주 충장로 연설 2024년 3월 14일

2024년 3월 3일 중앙당 창당대회 후 전국을 돌았다. 3월 13일, 14일 호남을 찾았다. 13일 전주 한옥마을은 시민들로 가득 차 이동이 어려울 정도였다. 14일 광주광역시 충장로 우체국 계단은 '정치인 조국'으로서 잊을 수 없는 장소다. 광주는 5·18민주화운동의 상징적 장소이자 대한민국 민주주의를 지켜온 보루였다. 검찰독재로 무너진 민주주의를 다시 세우겠다는 의지를 연설로 밝힐 최적의 공간이었다.

충장로로 들어서는데 한 할머니가 내 손을 잡았다. 할머니는 "살아줘서 고맙다"며 눈물을 글썽였다. 코가 시큰거리는데도 억지로 참고 "감사합니다"만 연발했다. 충장로 우체국 계단 위에 서서 연설을 시작하자 시민들이 모이기 시작했고, 호응도는 점점 높아졌다. 문재인 정부 참여자로 윤석열 정권 탄생에 무한한 책임을 지겠다고 사과했고, 윤석열 검찰독재정권의 심판을 위해 맨 앞에서 싸우고 맨 마지막까지 싸우겠다고 약속했다. 시민들은 중간중간 열렬히 박수를 치고 구호도 힘차게 외쳐주셨다.

충장로를 빠져나와 전철을 타고 송정역으로 이동하는 과정에서도 뜨거운 반응을 실감했다. "광주가 조국을, 조국혁신당을 받아주시는구나!"라고 생각하며 울컥했다. 이후 광주를 포함, 호남에서 조국혁신당은 비례투표에서 1위를 했다. 호남은 조국혁신당이 민주진보 진영의 파이를 키울 것이라 간파했던 것이다. 호남은 나의 부족함과 흠결을 알면서도 기회와 역할을 준 것이다.

그날 광주시민들의 눈빛, 표정, 몸짓이 변하는 것을 보면서 나는 정치인으로 다시 태어났다. 당색 '트루블루'는 광주의 하늘색이다. 충장로에서 약속했던 것을 지키기 위해 앞으로도 정진할 것이다.

첫 대중정치 연설문 2024년 3월 14일 광주 충장로

광주시민 여러분!
조국혁신당 대표 조국입니다.
따뜻하게 환영해주셔서 너무너무 감사합니다.

창당을 한 지 11일밖에 되지 않았는데, 그사이에 너무도 많은 국민들이 저희 당을 열렬히 지지해주셔서 너무너무 고맙습니다.
그렇지만 오만하지 않고, 머리 쳐들지 않고, 더 겸손하게 가겠습니다.

국민들께는 겸손하게 다가가고, 윤석열 정권에 대해서는 더 단호하게! 더 빠르게! 더 강력하게!
끝까지 싸우겠습니다!

존경하는 광주시민 여러분! 전남도민 여러분!
이곳 민주화의 성지 광주에서, 시민 여러분께 뜨거운 마음으로 인사 올립니다.

무도한 정치군인들로부터, 군부독재로부터, 이 나라의 민주주의와 정의를 지켜내기 위해 앞장서서 싸우다 쓰러져간 5월 영령들을 기억합니다.

이곳 충장로는 현대사의 물줄기를 바꾼 위대한 공간이었습니다. 저 개인의 삶 굽이굽이에도, 5·18 민주화운동과 그 후 광주의 역사는 늘 힘과 용기를 주었습니다.
충장로는, 광주시민의 만남과 삶의 공간이기도 합니다.
광주시민들은 이곳 우체국 다방, '우다방 앞에서 만나자'

약속하고, 만나서 함께 먹고 마시며, 같이 울고 웃으며 이 야기를 나누는 것으로 압니다.

맞습니까?

이 나라의 민주주의를 위태롭게 하는 그 어떠한 억압에 도 맞서 저항하고 싸운 광주시민의 용기와 결기 속에는, 사람을 아끼고 이웃을 사랑하는 따뜻함이 있습니다.

사람 냄새 나는 향기를 머금고 있습니다.

존경하는 광주시민 여러분,

저는 지난 2월 광주에 와서 시민 여러분께 약속드렸습니다.

대한민국의 역사를 후퇴시키는 검찰 카르텔에 맞서 싸우 겠다, 광주시민의 정의로운 열망을 가슴에 품겠다, 무도 하고 무능하고 무책임한 검찰독재정권과의 싸움에 맨 앞 에 서겠다, 윤석열 정권을 하루라도 빨리 종식시키는 것 이 국민을 위하는 길이다, 이렇게 말씀드렸습니다.

광주시민 여러분,

광주시민과 함께 민주공화국의 가치를 파괴하는 윤석열 정권과 한 치도 타협하지 않고 싸우겠습니다!

광주 충장로 연설 2024년 3월 14일

ⓒ조국혁신당

제가 제일 앞에 서고, 제가 제일 마지막까지 싸우겠습니다!

존경하는 광주시민 여러분,
윤석열 정권 집권 2년 동안, 우리의 자랑스러운 조국 대한민국은 거꾸로 가고 있습니다.
서울 한복판에서 아무 죄도 없는 159명의 꽃다운 젊은이들이 죽고, 군대 간 아들이 사고로 목숨을 잃었습니다.
그러나 윤석열 정권은 진실을 밝히는 노력을 전혀 하지 않습니다. 오히려 진상을 은폐하는 데 급급합니다.

대통령도, 총리도, 주무 장관도, 어느 누구도 사과하지 않았고 책임지지 않았습니다.
도대체 이런 정부가 어디에 있습니까!

게다가 최근에는, 공수처의 수사를 받고 있는 이종섭 전 국방부 장관이 호주대사로 임명되었습니다.
범인도피죄 아닙니까?
외교참사 아닙니까?
창피합니다!
맞습니다!

경제는 어떻습니까?

민생이 무너지고 있습니다.

이곳 충장로에서 자영업하시는 분이 많이 계실 것입니다. 코로나 팬데믹 때보다 더 장사가 안된다고 합니다. 실질임금은 감소하고 금리와 물가는 치솟고 있기에, 일상이 힘듭니다.

이렇게 경제가 침체하고 시민의 삶이 힘든데, 지금 윤석열 정부는 오로지 부자 세금 깎기에만 열심입니다.

존경하는 광주시민 여러분,

윤석열 정권 출범 후 국민의 안전과 민생, 경제, 외교와 안보, 민주주의와 국격 등 모든 부문이 후퇴하고 있습니다.

특히 국민의 기본권과 인권, 표현의 자유와 언론의 자유 등 민주주의가 무너지고 있습니다.

민주공화국의 가치가 짓밟히고 있습니다.

우리 국민이 어떻게 지켜온 민주주의입니까?

조국혁신당은 결코 좌시하지 않겠습니다.

물러서지 않을 것입니다.

시민 여러분, 문재인 정부는 정권 재창출에 실패했습니다.

일부 정치검사들의 준동을 막지 못하고 정권을 내준 데

대해 문재인 정부 검찰개혁의 당사자로서 무한한 책임을 느낍니다.

송구스럽습니다. 죄송합니다.

저는 결자해지의 심정으로, 정치참여를 결심했고 창당에 나섰습니다.

제 모든 것을 걸고, 윤석열 정권의 퇴행을 막아야겠다는 소명을 운명처럼 받아들입니다.

존경하는 광주시민 여러분,

윤석열 정권과 국민의힘이 5·18 북한개입 망언을 한 자를 이번 총선에서 당선이 유력한 대구 지역구 후보로 최종 공천 확정했습니다.

도태우입니다! 노태우는 아니고 도태우입니다!

5·18 단체, 조국혁신당과 민주당 등 민주진보 진영과 모든 민주시민들이 공천 취소를 강력히 요구했지만, 이를 묵살하고 공천 결정을 했습니다.

도를 넘어도 한참 넘은 것입니다.

5·18 민주화운동은 무도한 정치군인들의 군사반란에 맞서, 이 나라의 민주주의와 정의를 위해 피 흘린 우리 대한민국의 자랑스러운 역사입니다. 그렇지 않습니까?

진보와 보수를 떠나 대한민국이 이루어낸 합의를 윤석열 정권이 부정하고 훼손하고 있습니다.

윤석열 정권과 국민의힘에 강력하게 경고합니다.
당신들은 반드시 역사와 광주의 심판을 받을 것이다!

존경하는 광주시민 여러분! 그리고 당원 동지 여러분!
조국혁신당은 지금 기적을 만들고 있습니다.
창당한 지 열하루 만에, 조국혁신당에 입당한 분이 10만 명에 육박하고 있습니다. 최근 여러 여론조사에서 조국혁신당의 비례대표 정당 지지도가 10%대를 넘어 20%대 중반을 넘어섰다는 언론보도가 나오고 있습니다.
광주시민 여러분을 포함한 국민 여러분의 성원에 힘이 납니다.

조국혁신당에 대한 이런 높은 관심과 지지율 상승은 윤석열 검찰독재정권에 맞서 국민과 민주주의를 지키기 위해 맨 앞에서 싸워줄 정당, 가장 치열하게 싸울 정당, 맨 마지막까지 싸울 정당이 바로 조국혁신당이라고 국민 여러분이 느끼고 생각하고 있기 때문입니다.

그렇기에 조국혁신당은 더욱 겸손하게, 더욱 절박하게,

그러나 더욱 단호하게 행동할 것입니다.

사랑하는 광주시민 여러분,
조국혁신당 창당과 돌풍이라는 이 모든 기적을 만든 주인공은 저 조국 개인이 아닙니다.
김대중 대통령의 말씀처럼 '행동하는 양심'으로,
노무현 대통령의 말씀처럼 '깨어 있는 시민'으로,
바로 여기 계시는 광주시민 여러분 그리고 당원 동지 여러분 때문이라고 저는 생각합니다. 그렇지 않습니까?

저 조국과 조국혁신당은 두려움 없이, 당당하게 싸울 것입니다.

존경하는 광주시민 여러분,
보수언론들이 민주당 지지층을 갈라치기하고 있습니다.
여기에 휘둘려서는 안 됩니다.
말려들지 맙시다.

조국혁신당에 대한 국민의 관심이 불붙고 있습니다.
윤석열 검찰독재정권에 대한 심판론이 다시 거세지고 있습니다.

거리에서 만난 많은 시민들이 이렇게 말씀하십니다.
"투표장에 안 나가려고 했는데, 조국혁신당 비례 찍으러
나갈 겁니다!"
조국혁신당의 돌풍은 민주진보 진영의 결집에 기여하고
있습니다.

조국혁신당은 민주진보 시민의 투표 참여를 견인하고 있
습니다.
최근 여론조사를 분석해보면, 조국혁신당 비례 지지와
민주당의 지역 지지가 동반 상승하고 있습니다.
조국혁신당의 약진이 민주당 지역구에 확실한 도움을 주
고 있습니다.
조국혁신당의 약진이 민주진보 진영 전체의 파이를 키우
고 있습니다.

존경하는 광주시민 여러분 그리고 당원 동지 여러분,
조국혁신당의 상징색은 다름 아닌 광주의 하늘색인 트루
블루입니다.

저 하늘을 보십시오!
광주시민의 피로 밝힌 민주주의와 정의의 횃불이,
그 횃불이 하늘로 퍼져나가 광주의 하늘이 되었습니다.

시민 여러분,

불은 가장 뜨거울 때 파란색이 됩니다.

우리가, 조국혁신당이, 가장 뜨거운 파란 불이 되어 검찰 독재정권을 태워버릴 것입니다.

저부터, 저부터 파란 불꽃 하나가 될 것입니다.

다시 말씀드립니다.

맨 앞에 서서, 맨 마지막까지 싸울 것입니다.

존경하는 광주시민 여러분,

대한민국의 민주주의가 위기에 처할 때마다

정치 역사의 고비 고비 때마다

광주와 전남은 지혜로운 전략적 선택을 해왔습니다.

그리고 광주와 전남의 선택은 항상 옳았습니다.

이 나라의 민주진보 진영이 위기를 맞고 분열 앞에서 흔들리고 있을 때마다, 광주 전남은 그 중심을 잡아주셨습니다.

이번 총선에서, 다시 한 번 우리가 이 위기를 극복할 수 있도록 용기와 희망 그리고 지혜를 주십시오.

이제 우리는 4월 10일까지 치열한 선거전에 돌입할 것입

조국의 함성

니다. 이번 총선은 윤석열 검찰독재정권을 심판하는 선거입니다.

더 이상도, 더 이하도 아닙니다.
총선에 반드시 승리해, 윤석열 정권 관계자들의 비리와 범죄를 밝히고 응징, 처벌해야 합니다.

4월 10일 총선은 조국혁신당만 잘되어서는 안 됩니다.
그렇게 되어서는 안 됩니다.
의견의 차이가 있다 하더라도, 강령의 차이가 있더라도,
민주당을 포함한 민주진보 진영 전체가 승리하는 선거가 되어야 합니다!

그 길에, 조국혁신당이 앞장서겠습니다.
더 강하고, 더 빠르고, 더 선명하고, 더 단호하게 행동하겠습니다.

국민 여러분,
조국혁신당에 구호 하나가 있습니다. 뭔지 아시죠?

제가 선창하면, 시민 여러분이 뒤 구호를 외쳐주십시오.
세 번만 하겠습니다.

3년은! (너무 길다!)

광주시민 여러분! 지금까지 2년이 어땠습니까?
또 앞으로 3년을 이대로 사시겠습니까?

한 번만 더 하겠습니다.
3년은! (너무 길다!)
감사합니다.

윤석열 검찰독재정권에 대한 국민의 분노

— 윤석열 정권 규탄 기자회견 2024년 3월 19일

조국혁신당을 창당하고 약 2주 후 비례대표 후보 전원과 함께 용산 대통령실 앞에서 기자회견을 했다. 윤석열 정권과 정면으로 맞서 싸우겠다는 결기를 공개적으로 표출하기 위함이었다. 장소가 장소이니만큼 참석자들은 상당히 긴장한 모습이었다.

'민생토론회'를 빙자한 윤석열의 선거운동, 합리적 산정 근거 없는 의대정원 대폭 증원을 비판했고, '런(run)종섭' 이종섭 호주대사의 소환, '회칼 수석' 황상무 시민사회수석과 대학원생 '입틀막'의 책임자 김용현 경호처장의 경질을 요구했다. 그리고 윤석열 정권에 대한 국민의 분노가 임계점을 향해 나아가고 있음을 경고했다.

윤석열이 이 기자회견에 귀 기울였을 리 없다. 보고조차 되지 않았을 것이다. 설사 보고되었다 하더라도, 윤석열은 콧방귀를 뀌었을 것이다. 반면 유튜브 중계에 대한 국민의 반응은 뜨거웠다. "3년은 너무 길다"라는 슬로건이 급속히 확산되고 있음을 알 수 있었다. 창당 전부터 말했지만, 국민은 이미 '심리적 탄핵'을 했다. 윤석열이 대통령으로서의 자격·능력·품격이 없음을 꿰뚫어본 것이다. '심리적 탄핵'을 '정치적·법적 탄핵'으로 만들어내는 것은 정치인과 정당의 몫이었다.

윤석열 정권 규탄 기자회견문 2024년 3월 19일 용산 대통령실 앞

"3년은 너무 길다, 검찰독재 조기 종식"이라는 국민의 바람을 대변하고 있는 조국혁신당 대표 조국입니다.

저는 오늘, 우리 당 비례대표 후보자들, 앞으로 국민을 위해 일할 일꾼들과 함께 이곳 용산 대통령실 앞에 섰습니다. 국민의 목소리를 전달하기 위해섭니다.

지금까지 이런 대통령은 없었습니다.
참담한 심경입니다.

윤 대통령은 관권을 동원한 선거운동을 하고 있습니다.
4월 10일 선거일을 앞두고 전국을 돌아다닙니다.
확보도 못 한 수백조 원 국가예산을 투입하더라도 과연 할 수 있을지 모를 공약들을 남발합니다.

조국의 함성

재정 건전성이 중요하다고 했습니다.

그러면서 미래 먹거리와 직결된 연구개발 예산을 대폭 깎아버렸습니다. 그래 놓고 전 국토를 공사판으로 만들겠답니다. 필요한 예산 수백조 원은 어떻게 확보할지 이야기도 안 합니다.

윤 대통령은 총선과 무관하다고 합니다.

국정이며 민생경제라고 주장합니다.

정말입니까? 그런데 왜 믿는 국민이 없습니까?

총선에서 여당인 국민의힘을 돕기 위해 대통령 권한을 부당하게 행사하는 것 아닙니까?

벌써 스무 번이나 했습니다. 당장 멈추십시오!

윤 대통령이 '민생토론회'를 빙자해 관권선거운동을 지속한다면, 조국혁신당은 22대 개원 직후 '윤석열 대통령의 관권선거 의혹 진상규명을 위한 국정조사'를 추진하겠습니다.

국민과 함께, 민주진보 세력을 대변하는 야당들과 함께 대통령의 부정선거운동 혐의를 낱낱이 밝히겠습니다.

관권선거운동 말고 민생 살리기에 전념하십시오.

의사 수는 늘려야 합니다.

그러나 국민들은 의료대란을 우려합니다.

윤석열 정권 규탄 기자회견 2024년 3월 19일 용산 대통령실 앞
ⓒ오마이뉴스 유성호

아파도 제때 치료받지 못할 일이 생길까 봐 걱정합니다.

의대 학생 수를 늘리더라도 좋은 의사로 교육할 수 있는 여건이 중요하다고 생각합니다.

문제를 해결하십시오.

윽박지르기, 압수수색과 수사 말고 정치를 하십시오.

무턱대고 의대 입학정원만 대폭 늘릴 게 아니라, 필수의료 인력이 부족한 지역과 분야를 줄일 수 있는 방안을 찾아 제시하길 바랍니다.

윤 대통령은 국회를 통과한 간호법 제정안을 거부해놓고 이젠 그 법안의 주요 내용을 당근책으로 제시하고 있습니다. 현장을 떠난 의사들의 빈자리를 채우라는 겁니다. 이렇게 어리석은 국정운영이 어디 있습니까.

윤 대통령은 행정 수반입니다. 명령권을 제대로 행사해야 합니다.

이종섭 전 국방부 장관을 당장 불러들이십시오. 고위공직자범죄수사처의 수사를 받으라고 명령하십시오. 일국의 대사가 '도주대사'라는 멸칭으로 조롱받습니다. 국제적 망신입니다.

대통령실은 공수처가 이 전 장관 출국을 허락했다고 했습니다. 공수처는 허락한 적이 없답니다. 오히려 출국금지 유지가 필요하다는 의견을 제출했다고 합니다.

거짓말을 해서 얻을 이익을 생각하면, 누가 거짓말을 하는지는 빤하지 않습니까?

조국혁신당은 윤 대통령이 이번 사안을 어떻게 처리하는지 두 눈 부릅뜨고 지켜보겠습니다.

그리고 국민과 함께 할 일을 하겠습니다.

황상무 대통령실 시민사회수석을 당장 경질하십시오.

'회칼 수석'이라는 별명을 얻었습니다. 대통령 참모의 일입니다. 긴말 필요 없습니다. 사과로 끝날 일이 아닙니다. 국민을, 언론을 겁박한 죄를 엄히 묻길 바랍니다.

김용현 경호처장은 당장 집에 보내십시오.

그는 '입틀막'이라는 신조어를 전 국민이 알게 했습니다.

그게 경호입니까.

국회의원은 국민을 대표하고, 대학원생은 국민 그 자체입니다. 이들 입을 막아서 무엇을 하시겠습니까.

김 처장을 경질하고 대통령이 직접 사과하십시오.

저는 윤석열 검찰독재정권에 대한 국민의 분노가 임계점을 향하고 있음을 느낍니다.

"3년은 너무 길다"라는 조국혁신당의 슬로건에 많은 국민들이 지지와 성원을 보내주고 있습니다.

저 자신도 놀라울 정도입니다. 한편으론 두렵습니다.

저희가 국민의 바람을 다 담을 그릇이 될지 걱정됩니다. 저를 포함해 이 자리에 함께한 조국혁신당 비례대표 후보자들은 몸이 부서지더라도, 뼈를 갈아 넣어서라도 국민의 명령을 받들기 위해 노력하겠습니다.

세계의 권위 있는 연구기관들이 발표한 한국 민주주의 관련 지수는 가파르게 곤두박질치고 있습니다. 윤 대통령 취임 이후입니다. 최근에는 놀랍게도 30년 전 사라진 줄 알았던 '독재화'가 진행 중이라는 결과까지 발표되었습니다.

검찰독재정권의 어두운 장막을 걷어내고, 민주공화국을 되찾아야 합니다. 저 조국은, 조국혁신당 국회의원 후보자들은 맨 앞에서 그리고 맨 마지막까지 싸우겠습니다.

이제, 고마, 치아라 마

─부산 서면 연설 2024년 3월 21일

조국혁신당의 바람이 상승세를 타는 상황에서 고향 부산을 찾았다. 거리 연설이 예정되어 있던 곳은 서면 쥬디스태화백화점 앞이었는데, 청소년 시절 종종 방문했던 곳이라 마음이 편안했다.

이날 연설은 말미에 내가 외친 부산 사투리 구호 "이제, 고마, 치아라 마!"로 유명해졌다(나는 '사투리'라는 단어가 비하적 표현이기에 '부산말', '광주말' 등으로 써야 한다고 생각하지만, 여기서는 통상적으로 사용되는 '사투리'라고 표현한다).

이 연설로 내가 부산을 떠나 서울 사는 출향 인사가 아니라, 부산 정서와 마음을 꿰뚫고 있는 천생 부산 사람임을 입증했다. 이 사투리 구호는 현장에서 튀어나왔던 것으로 사전 준비하지 않았다. 고향에 온 만큼 고향 말로 외쳐야 공감대가 넓어질 것이라고 판단하고 선택했다. 현장에 계셨던 부산시민들이 무척 좋아하셨고, PK지역을 포함한 전국 언론에서도 흥

미롭게 조명했다.

　사실 정치언어로 사투리를 구사하기 시작한 것은 3월 15일 YTN라디오 〈뉴스킹〉에 출연했을 때였다. 인터뷰 말미에 진행자인 박지훈 변호사에게 국민의힘을 향해 사투리로 한마디하겠다고 양해를 구하고, 한 방을 날렸다. "느그들 쫄았제? 쫄리나?"

　평소 나는 각 지역 사투리가 잘 보전되어야 한다는 소신을 갖고 있었고, 지역 사람으로서의 감성을 제대로 표현하려면 사투리를 사용해야 할 경우가 있다고 생각하고 있었다.

　이후 다른 지역 유세를 가면 "치아라 마"에 해당하는 그 지역 사투리를 손팻말에 적어 온 시민들을 많이 만났다. 서로 웃으며 즐거워했다.

'이제, 고마, 치아라 마' 연설문 2024년 3월 21일 부산 서면

이제 조국혁신당은 누구도 막을 수 없는 거센 파도가 되었습니다.

부산시민 여러분께서 조금만 힘을 보태주신다면 이 파도는 더욱 거세질 것입니다.

그리하여 윤석열 검찰독재정권을 삼켜버릴 것입니다.

조국혁신당은 더 겸손하게 더 낮은 자세로 국민 여러분

의 비판을 수용하면서 걸어갈 것입니다.

그러나 입틀막 정권에 대해서는 단호히 맞설 것입니다.
저 조국은 민주주의 회복을 위해 파란 불꽃을 남겨 유신
을 종식시킨 부산시민의 용기를 잊은 적이 없습니다.
전두환 군사독재정권 종식의 발화점이 된 저의 혜광고등
학교 후배 박종철 열사의 죽음을 잊은 적이 없습니다.

조국혁신당이 선봉에 서서 민주주의를 파괴하고 민생을
파탄시키는 권력을 하루빨리 끝장내겠습니다.

윤석열 정권은 명백히 '관권선거'를 하고 있습니다.
부산을 포함해 전국을 돌면서 '부도수표'를 던지고 있습
니다. 우리 국민의 수준을 무시한 '막걸리 선거', '고무신
선거'를 하고 있는 것입니다.
철저히 조사해 그 책임을 물을 것입니다.

윤석열 정권 핵심 인사들의 범죄와 비리를 밝혀 '정당한'
징벌을 받도록 할 것입니다.
조국혁신당 1호 법안 '한동훈 특검법'을 통해 윤석열 정
권의 '황태자'도 처벌을 받도록 하겠습니다.
채 상병 사망과 수사외압 사건, 그리고 이태원 참사에 대

'이제, 고마, 치아라 마' 부산 서면 연설 2024년 3월 21일

ⓒ조국혁신당

'이제, 고마, 치아라 마' 부산 서면 연설 2024년 3월 21일

©조국혁신당

한 철저한 진상 조사와 책임자 처벌이 이루어지도록 모든 노력을 다하겠습니다.

총선을 의식해 '도주대사' 이종섭을 다시 불러들였습니다.
그리고 '회칼 수석'을 자진 사퇴로 마무리했습니다.
그러나 이 꼼수에 넘어가서는 안 됩니다.
이종섭 장관에게 채 상병의 죽음에 대한 수사를 "축소하라"고 시킨 자, 공수처가 수사를 전개하자 해외로 이 장관을 도주시킨 자, 그자들의 책임을 묻겠습니다.

존경하는 부산시민 여러분!
저는 윤석열 검찰에 의해 멸문지화의 경험을 당했습니다.
저는 잃을 게 없습니다.
그래서 두려움이 없습니다.
무간지옥을 견뎌낸 결기로 제가 맨 앞에 서겠습니다.
조국혁신당이 국민들과 연대해 끝을 보겠습니다.

존경하는 부산시민 여러분!
지난해 우리나라 무역수지가 세계 198위로 85위인 북한보다 아래입니다. 무역적자 폭은 IMF 금융위기 당시보다 더 많습니다.
무능력과 무책임의 극치입니다.

대파 한 단 가격이 875원이라고 생각하고, 875원이 합리
적이라고 생각하는 사람이 누굽니까.
대파 한 단 가격이 875원이라고 생각하는 사람이 우리나
라의 대통령입니다. 부산 시내 마트 어디에서 875원으로
대파 한 단을 살 수 있습니까.

윤석열 대통령의 무지함 때문입니까.
윤석열 대통령의 무능함 때문입니까.
아닙니다. 둘 다입니다.

부끄러움과 절망은 국민들의 몫입니다.
제가 고향 부산에 온 만큼 윤석열 대통령에게 부산 사투
리로 경고합니다.

이제, 고마, 치아라 마~!

2부

탄핵으로 가는
쇄빙선

12척의 쇄빙선으로 끝장을 보겠습니다

— 조국혁신당 22대 국회 개원 기자회견 2024년 5월 30일

2024년 4월 10일 오후 5시 국회 의원회관 회의실에 후보, 선대위 당직자, 자원봉사자가 함께 앉았다. 그 전에는 찾아오지 않던 지상파와 종편의 TV 카메라, 여러 신문사의 사진기자들과 취재기자들, 생중계를 준비하는 방송기자들이 우리를 둘러쌌다. 방송사 합동 출구조사 카운트다운이 시작되었다.

"5, 4, 3, 2, 1, 0."

오후 6시 정각 조사 결과가 발표되었다. 더불어민주당이 178~196석(더불어민주연합 비례대표 포함), 국민의힘(국민의미래 비례대표 포함)은 87~105석을 얻을 것으로 예측되었다. 환호와 탄식이 교차했다.

그리고 "조국혁신당 11~15석 확보!"라는 예측 결과에 객석에서 환호가 나왔다. 확정된 게 아니어서 나는 감정 표출을 자제했다.

방송사 현장 인터뷰에서 "국민이 승리했다. 국민께서

윤 정권 심판이라는 뜻을 분명하게 밝히셨다. 윤석열 대통령은 이번 총선 결과를 겸허히 받아들이고, 수많은 실정과 비리에 대해 국민께 사과하라"라고 말했다.

조국혁신당은 창당 후 40일 정도 만에 12명의 국회의원을 가진 원내 3당이 되었다. 조국혁신당에 표를 주신 690만 명의 국민, 열정적으로 뛰어주신 전국의 당원, 신생 정당의 어려움을 알면서도 헌신해준 당직자의 마음과 뜻이 모인 결과였다.

여론조사의 추이로는 15석까지 바라볼 수도 있었을 것인데, 조직력의 부족, 더불어민주연합의 막판 추격 등으로 인해 12석에 그쳤다. 그렇지만 이 정도의 성과는 한국 정치사에서 유례없는 일이었다. 주변에서는 임진왜란 당시 칠천량해전 대패 후 삼도수군통제사로 다시 임명된 이순신 장군이 선조에게 올린 장계에서 언급한 "12척의 전선(戰船)"을 연상시킨다고 했다. 어깨가 더욱 무거워졌다.

5월 30일 개원일, 의원 12명이 모여 각오를 밝히는 기자회견을 했다. 처음은 당대표가, 마지막은 원내대표가 읽었고, 각 의원별 전문분야에 따라 내용을 구성하여 차례로 읽었다. 각 의원의 각오와 결의를 요약해서 볼 수 있는 문서다. 초심을 잊을 때, 이 기자회견문을 본다. 나는 총선 기간 동안 많이 사용한 문구, "가장 앞장서 싸우고, 가장 마지막까지 싸우겠습니다"를 항상 가슴에 새기고 있다.

조국의 함성

<u>존경하는 국민 여러분, 조국혁신당 조국 대표입니다.</u>
국민 여러분께 보고드립니다.
이 자리에 선 12명은 대한민국 국회의원입니다.
그러나 기쁨보다 무거움에 압도됩니다.

이 배지는 저희들이 따낸 것이 아니라 국민께서 달아주신 것입니다. 감사합니다.

혁신당은 정치공학에 의존하지 않았고, 결단코 주판알을 튀기지 않았습니다. 오로지 국민 명령에만 복종했습니다. 국민의 지시만 따랐습니다.
국민이 말씀하신 바에서 한 뼘도 벗어나지 않겠습니다.

"국회에서 싸움 좀 그만하라"고들 하십니다.
저희는 싸우겠습니다. 아주 독하게 싸우겠습니다.
단, 오로지 국민을 위해 싸우겠습니다.
특권층과 기득권층, 가진 자와 힘 있는 자가 아니라, 국민 다수를 위해 싸우겠습니다. 사회경제적 약자를 위해 싸우겠습니다.
'두려움, 위축, 포기'는 저희 사전에 들어 있지 않습니다.

가장 앞장서 싸우고, 가장 마지막까지 싸우겠습니다.

바위처럼 강고하게 버티고, 면도날처럼 예리하게 베겠습니다.

담대하게 나아가고, 용맹하게 맞붙으며,

결코 물러서지 않고, 마침내 끝장을 보겠습니다.

국회의원 박은정입니다.

오늘 검찰독재 조기 종식의 쇄빙선이 출항합니다.

검찰개혁에 대한 국민 여러분의 열망을 받들어 용산의 위성정당으로 전락한 저 한심한 검찰을 개혁하겠습니다.

저 박은정이 국민께 약속드립니다.

수사권과 기소권을 분리하고, 그 수사권도 여러 기관으로 쪼개겠습니다.

검찰은 기소와 공소 유지를 전담하는 공소청으로 재건축하겠습니다.

검찰의 기소권도 기소 대배심 제도를 도입해, 민주적으로 통제받을 수 있도록 하겠습니다.

반민주주의의 상징이 되어버린 검찰독재를 22대 국회에서 반드시 종식시키겠습니다.

윤석열 정권의 역주행 폭주를 멈춰 세우는 데 사력을 다

서울시민과 함께하는 광화문 기자회견 2024년 4월 9일

ⓒ조국혁신당

하겠습니다.

대통령의 음주 난폭운전으로부터 국민을 지키겠습니다.

이해민 의원입니다.

과학기술계의 정치적 구심점이 되겠다고 선언하며 정치에 뛰어들었습니다.

국회의원으로서 이해민은 AI 대전환 시기에 대응할 수 있도록 국회 입법의 기준점이 되겠습니다.

기초과학부터 응용기술, 다양화된 미디어 영역 등 과학의 진보와 그 혜택을 모두가 향유할 수 있도록 대한민국을 추동하겠습니다.

제가 꿈꾸는 사회는 이렇습니다.

판결문은 일반에 공개되어 전관예우가 사라지고, 나의 개인정보는 철저히 보호될 것입니다.

문화예술이 생성형 AI로부터 보호되고, 기업이 데이터 고민 없이 연구개발에 투자할 수 있게 됩니다.

청년 과학자의 연구와 기초과학이 더 중요해지는 세상을 만들겠습니다.

'다시 선진국으로!'

대한민국을 혁신하는 데 제 쓰임을 다하겠습니다.

신장식 의원입니다.

노회찬의 '6411 정신', 유쾌하고 날카로운 노회찬의 정치를 이어가겠습니다.

달동네 활동가였던 저는 2000년 민주노동당 창당과 함께 진보정치에 뛰어들었습니다.

국회의원 후보로 출마했고 권영길 후보 대선, 민주노동당의 원내 입성을 기획하고 승리하는 복을 누리기도 했습니다.

하지만 노회찬 대표님을 지켜내지 못했습니다.

진보정치의 쇠락도 막지 못했습니다. 죄송합니다.

그러나 노회찬의 '제7공화국'을, 노무현의 '진보의 미래'를, 그 꿈을 단 한순간도 잊지 않았습니다.

이제 두 분의 꿈은 '사회권 선진국'이라는 혁신당 국가 비전의 실현으로 완성될 것입니다.

비판을 위한 비판은 하지 않겠습니다.

비판은 근본적으로, 대안은 현실적으로, 실천은 대중적으로 펼쳐내겠습니다.

강소정당 조국혁신당, 그리고 저 신장식의 정치를 지켜봐주십시오.

강자에게 정의를, 시민에게 권리를!

조국혁신당 파란불꽃선대위 해단식 2024년 4월 11일

ⓒ오마이뉴스 권우성

<u>김선민 의원 인사드립니다.</u>

저는 평생을 의사이자, 보건의료정책 전문가로 살아왔습니다.

국가인권위원회, 건강보험심사평가원, 태백병원에서, 현장에서 우리 사회를 지켰습니다.

하지만 윤석열 정권의 '무도·무능·무책임' 3무 국정에 열패감만 느꼈습니다.

그러다 지난 석 달간 새로운 희망을 보았습니다.

'사회권 선진국'이라는 화두를 내보인 혁신당입니다.

아프면 쉴 권리, 부부가 함께 일하며 아이를 키울 권리, 집을 사지 않아도 안정적으로 살 권리, 나이가 들어도 가족에게 신세 지지 않고 돌봄받을 권리, 국민 모두 큰돈 들이지 않고 그 모든 권리를 보장받는 나라, 혁신당이 꿈꾸는 사회권 선진국의 모습입니다.

사회권 선진국을 향한 저희 여정에 함께해주시기를 국민 여러분께 부탁드립니다.

<u>국회의원 김준형입니다.</u>

3년 전만 해도 우리 외교는 국민의 자부심이었습니다.

대한민국이 한반도와 동북아 질서를 주도했고, 한국 대

통령은 세계 주요국 정상들로부터 존중과 존경을 받았습니다.

지금 대한민국 외교는 어떻습니까?

"바이든, 날리면" 논란부터 부산 엑스포 유치 참패까지, '외포정', 즉 외교 포기 정권입니다.

윤석열 대통령은 '가치 외교'를 내세웁니다.

이는 미국 종속, 일본 굴욕 외교임이 증명되었습니다.

응급조치가 필요합니다.

응급조치 1호로 '부산 엑스포 유치 실패 외교참사 국정조사 요구안'을 발의해 반드시 책임을 묻겠습니다.

정치의 꽃은 복지이고 외교의 꽃은 평화입니다.

복지와 평화라는 든든한 삶의 기반을 국민과 함께 만들겠습니다.

김재원 의원입니다.

윤석열 정권의 억압에 문화예술계는 고통받고, 표현의 자유는 틀어막혔습니다.

블랙리스트의 망령이 다시 대한민국을 떠돌고 있습니다.

윤석열 정권에 억눌린 대한민국 문화예술을 되살리고, 다음 세대를 위한 사회문화적 자본축적에 앞장서겠습니다.

문화개혁은 대한민국의 미래를 좌우할 중차대한 과제입니다. BTS와 K드라마가 대한민국의 국제적 위상과 영향력을 높인 구체적 증거입니다.

표현의 자유 회복과 사회문화적 자본축적의 길에 저 김재원이 앞장서 나가겠습니다. 말뿐이 아닌 행동으로 보이겠습니다.

한 사람 힘으로는 할 수 있는 일이 많지 않지만, 민의가 함께하면 태산을 옮깁니다.

국민과 함께 승리하겠습니다.

국회의원 정춘생입니다.

우리 사회는 지금 각자도생의 정글입니다.

윤석열 정권은 국민에게 알아서 살아가라고 내몹니다.

절대 안 될 일입니다.

우리 국민은 국격에 맞는 삶을 살 자격이 있습니다.

'전 국민 돌봄' 보장이 시급합니다.

제가 법과 제도를 만들겠습니다.

첫째, 미래를 준비해야 할 시기에 가족부양 부담을 떠안은 아동·청소년을 위해 '가족돌봄청년 지원법'을 만들겠습니다.

둘째, 육아휴직 급여를 대폭 확대하고, 누구나 눈치 보지 않고 육아휴직을 쓸 수 있도록 부모의 돌봄권을 보장하겠습니다.

셋째, 어르신, 장애인이 자신이 사는 지역에서 의료·요양·돌봄 서비스를 받을 수 있도록 지역사회 통합돌봄 지원 정책을 강화하겠습니다.

국민 모두의 돌봄권 보장으로, 제7공화국의 문을 열겠습니다.

차규근 의원입니다.

4년 뒤 국민들께서 "역시, 차규근이야"라고 말씀하실 수 있도록 뼈를 깎는 노력을 하겠습니다.

그러기 위해 제가 드리는 약속, 세 가지입니다.

첫째, 무도·무능·무책임·몰상식·몰염치한 윤석열 검찰독재정권의 조기 종식에 온 힘을 다하겠습니다.

둘째, 헌법과 법치주의를 파괴하고 민주주의를 질식시키는 검찰정권이 다시는 이 땅에 발붙이지 못하도록 하겠습니다. 검찰 특권과 부조리한 관행을 뿌리 뽑겠습니다.

셋째, 법무부 출입국·외국인정책본부장으로 근무할 때 소통과 적극 행정으로 수백억 원의 재정수입을 창출한 것처럼 민생에 도움이 되는 실용적이고 효능감 있는 의정활동을 하겠습니다.

검찰독재 조기 종식 기자회견 2024년 4월 11일
ⓒ오마이뉴스 이정민

국회에서는 더 크게 일하고 더 열심히 뛰겠습니다.
말보다 행동하겠습니다.

강경숙 의원입니다.
아이들과 학부모님들의 한숨이 여기까지 들립니다.
서이초등학교 사태로 힘드셨던 선생님들의 한탄이 하늘
을 뒤덮고 있습니다.
윤석열 정권의 퇴행 교육 때문입니다.
윤 정권의 교육 역주행을 멈추고, 한국 교육을 재탄생시
키는 디딤돌 역할을 저 강경숙이 해내겠습니다.
제7공화국 교육 비전을 만들 것입니다.

계층 이동의 행복 사다리를 시민 여러분과 함께 놓겠습
니다.
사각지대의 아이들, 위기 청소년은 물론 장애가 있는 아
이들, 어르신들의 성인 문해교육을 위한 평생교육까지
따뜻한 교육을 만들어갈 것입니다.
모든 소리를 듣고 뿌리를 더 단단히 하는 대나무 숲처럼
더 단단하게 더 유능하게 소임을 다하겠습니다.

서왕진 의원입니다.
저도 한숨만 납니다.

RE100도 제대로 모르는 윤석열 정권 실정 탓에 기업 수출 길은 막히고, 국가경쟁력은 상실될 위기입니다.

그런데도 윤석열 정권은 여전히 이전 정부 탓만 합니다.

이는 자신들 해법은 없다는 자백과 같습니다.

혁신당은 글로벌 경쟁력 확보를 위한 최우선 정책 과제로 '3080 햇빛 바람 정책 패키지'를 제안했습니다. 이를 위한 입법·예산 정책을 강력하게 추진해나가겠습니다.

민생 회복과 국가경쟁력 강화, 국민의 더 나은 삶을 책임지겠습니다.

정책위 의장이자 혁신연구원장으로서 제7공화국의 단단한 토대를 준비해나가겠습니다.

황운하 원내대표입니다.

저희 12명은 국회에 오기까지 살이 뜯겨나가고 뼈가 부서지는 고통을 겪었습니다.

참을 수 없는 분노를 삼켜가며 왔습니다.

저희를 이곳에 세우신 분들이 있습니다.

바로 국민이십니다.

'국가는 충신의 재로 세워진다', 프랑스 격언입니다.

저희 혁신당은 재가 될 각오로 이 자리에 서 있습니다.

22대 국회에서 가장 뜨거운 파란 불꽃이 되어 검찰독재를 종식하고, 사회권 선진국의 기초를 닦겠습니다.

과거를 잊지 않고, 현재를 혁파하며, 미래를 건설하겠습니다.

사심을 모두 버리고 오로지 국민을 위해 완전연소를 해서, 하얀 재가 되겠습니다.

지켜보고, 지지해주십시오.

조국혁신당 22대 국회 개원 기자회견 2024년 5월 30일
ⓒ오마이뉴스 남소연

'술 취한 선장'을 끌어내려야 합니다

—2기 당대표 수락 연설 2024년 7월 20일 외

2024년 3월 3일 중앙당 창당대회 개최 당시에는 당원 투표체제가 갖춰져 있지 못했기에 추대 형식으로 당대표가 되었다. 4·10 총선 이후 당대표와 최고위원 등 지도부를 선거를 통해 선출해야 했다. 나는 당대표 출마를 위해 대표직을 그만두고 전국을 돌며 당대표 출마의 뜻을 밝혔다. 7월 20일 99.9퍼센트의 득표율로 당선되었다. 창당과 총선 과정에서 '조국혁신호' 선장으로서 나의 지도력을 당원들이 인정해주신 것이다. 감사했다.

수락 연설에서 나는 윤석열을 '부자편애왕', '지역파괴왕', '민생·경제파괴왕', 그리고 '헌법파괴왕'으로 규정했다. 윤석열이 대선 토론에서 손바닥에 '왕' 자를 쓰고 나온 것을 상기시키고, 당선 후 행태가 민주공화국의 대통령이 아니라 초법적 폭군 같은 모습임을 직격하기 위함이었다.

이어 몇 가지 중요한 방침을 제시했다.

첫째, "술 취한 선장", "일그러진 영웅" 윤석열의 탄핵과 퇴진운동의 시작을 선포했다. 당시 국회 안팎에서 빠른 것 아니냐는 우려 섞인 의견이 전달되어 왔지만, 아니라고 생각했다. 헌정 중단의 비용보다 조기 종식의 이익이 훨씬 크다고 판단하고, 치고 나가야겠다고 결심했다.

둘째, '제7공화국' 개헌 추진과 교섭단체 완화를 포함한 정치 혁신 추진을 약속했다. 12·3 위헌·위법 비상계엄을 선포한 윤석열과 그 일당에 대한 정치적·법적 책임이 마무리되면, 추진해야 할 시대적 과제다.

셋째, 지역정치 혁신을 약속했다. 일당 독점이 유지·재생산되고 있는 지역정치를 혁신하고, 생산적 경쟁과 협력이 가능한 지역정치를 만드는 데 조국혁신당이 역할을 해야 한다고 판단했다. 조국혁신당이 혁신하려고 하는 정치는 '중앙정치'만이 아니라 '지역정치'도 포함되기 때문이다.

넷째, '사회권 선진국'의 구체적 내용을 제시했다. '사회권'을 여덟 가지로 정리했다. 주거권, 건강권, 노동권, 교육권, 돌봄권, 환경권, 디지털권, 문화권 등이다. 이후 당 정책위원회와 혁신정책연구원에서 세미나를 통해 "다시 태어나고 싶은 나라"의 구체적 비전과 정책을 만들고 있다.

존경하는 국민 여러분, 사랑하는 당원 동지 여러분!
오늘 저 조국을 새로운 당대표로 받아주셨습니다.
정말 감사합니다. 기쁨과 함께 무거운 책임감을 느낍니다.

오늘 전국당원대회는 조국혁신당 '시즌 2'의 도약대입니다.
우리는 비전을 마련했고, 조직을 정비했습니다.
우리 당은 튼튼한 풀뿌리 정당으로 거듭날 것입니다.
대중정당, 수권정당으로 나아갈 것입니다.

당원 동지 여러분!
저는 이제 당조직강화특별위원회를 만들겠습니다.
당의 근육을 키울 것입니다.
인재영입위원장으로서 활동을 재개할 것입니다.
전국의 인재를 모아 국민께 선보이겠습니다.

저는 다시 조국혁신호 선장이 되었습니다.
그러나 선장 혼자 배를 부릴 수 없습니다. 기관장, 항해
사, 갑판장, 선원 모두 필요합니다. 조국혁신당은 선원을
선장으로 키워내는 곳이 될 것입니다.

당원 동지 여러분!

창당한 지 5개월입니다.

그 세월이 주마등처럼 스쳐 갑니다.

당원 동지들의 노력에 힘입어, 또 국민 여러분의 성원 덕분에 창당 5주 만에 12석을 얻었습니다.

국회에 혁신의 교두보를 마련했습니다.

다시 한 번 감사말씀 드립니다.

그러나 우리나라가 처한 상황은 엄중하고 캄캄합니다.

대한민국은, 우리는, 지금 어디로 가고 있습니까?

제 눈에는 '각자도생'과 '도탄지고(塗炭之苦)'가 보입니다. 강자만 살아남는 '정글의 법칙'이 지배하는 아수라장입니다. 힘 있는 사람들끼리 편을 먹고, 저 높은 계급의 피라미드 위에 앉아 있습니다. 그 위에서 종부세와 상속세가 너무 많다고 호통을 칩니다.

그런데 윤석열 정권은 위기에 빠진 경제와 민생을 해결할 의지도, 능력도 없습니다.

윤석열 대통령은 총선 이후 뭘 했습니까?

부자감세만 추진합니다.

이미 실패한 이론인 '낙수효과'를 들먹이며 상속세, 종부세, 법인세를 깎아주려고만 합니다.

그렇습니다.

윤석열 대통령은 대한민국 1%, 가진 자만 사랑하는 '부자 편애왕'입니다.

종부세를 깎으면, 지역으로 갈 돈이 마릅니다.

지역은 고사하게 됩니다.

지역 균형발전은 끝장납니다.

그렇습니다.

윤석열은 '지역파괴왕'입니다.

대파, 사과, 배, 초콜릿, 김, 간장 등 서민 장바구니 물가 부담은 늘어납니다.

국세 수입은 계속 줄어 지난해 사상 최악의 세수 펑크 악몽이 재현될 조짐입니다.

2023년 임금인상률은 물가인상률 아래로 밑돌았습니다.

번 돈보다 물가가 더 올랐다는 말입니다.

그렇습니다.

윤석열은 '민생·경제파괴왕'입니다.

박근혜 전 대통령은 당무에 개입했다가 탄핵되고 형사처벌을 받았습니다. 그런데 윤석열 대통령은 여당 대표를 자기 마음에 안 든다고 교체합니다.

자기편을 대표로 앉히려고 노골적으로 개입합니다.

그렇습니다.

윤석열은 '헌법파괴왕'입니다.

존경하는 국민 여러분, 사랑하는 당원 동지 여러분!

대한민국호는 갈 길을 잃었습니다.

갈지자 횡보를 합니다. 이러다 침몰할 수도 있습니다.

왜 그렇게 되었습니까?

대한민국호를 잘 몰아달라고 국민이 뽑아줬는데, 윤석열 대통령은 소설《우리들의 일그러진 영웅》속 '엄석대'처럼 행동합니다.

우리 사회가 소중히 쌓아온 가치를 무너뜨리고 있습니다.

무슨 일이 있어도 넘지 않던 선을 아무렇지도 않게 넘나듭니다.

제아무리 철권통치자라도 국민 눈치를 보았습니다.

듣는 체라도 했습니다.

그러나 윤석열 대통령은 귓등으로도 안 듣습니다.

허구한 날 술만 마시는 듯합니다.

술 취한 선장이 대한민국호를 몰고 있는 것 같습니다. 게

다가 무당과 사이비 예언가가 나오는 동영상만 본다 합니다. 걸핏하면 관광 다니듯 해외 순방에 나섭니다.

당원 동지들께 묻습니다.
이런 사람에게 대한민국을 맡겨도 되겠습니까!

존경하는 당원 동지 여러분!
지난 총선 때 전국에서 울려 퍼졌던 구호 한번 같이 외쳐 봅시다. 선창하겠습니다. "3년은 너무 길다!"

맞습니다. 3년은 너무 깁니다.
3개월, 아니 3일도 깁니다.
'술 취한 선장'을 끌어내려야 합니다!
그래야 우리가 삽니다!
그래야 나라가 삽니다!

우리 정치에 금기어가 있습니다.
'탄핵'입니다. '정권 퇴진'입니다.
헌정 중단이기 때문입니다.
그러나 이제 많은 국민이 '탄핵'과 '퇴진'을 거론하고 있습니다. 헌정 중단의 비용보다 조기 종식의 이익이 훨씬 크다고 생각하시는 것입니다.

조국혁신당 전국당원대회 2기 당대표 수락 연설 2024년 7월 20일

Ⓒ조국혁신당

존경하는 당원 동지 여러분!

우리는 두려움을 떨쳐버려야 합니다.

두려움 없이 '윤석열·김건희의 강'을 건너야 합니다.

당대표로 말씀드립니다.

'일그러진 영웅 엄석대'를 끌어내려야 합니다!

어떻게 끌어내리느냐?

제 힘으로, 우리 12명 의원만으로는 안 됩니다.

국회의원들, 헌법재판소만으로는 부족합니다.

오로지 국민이 하실 수 있습니다.

국민 모두가 떨쳐 일어나, "윤석열, 당신은 대통령 자격이 없어!"라고 말씀하셔야 합니다.

저는, 조국혁신당은 '탄핵'과 '퇴진'에 필요한 모든 조치를 준비하겠습니다. 12석짜리 소수정당이지만, 할 수 있는 모든 수단을 찾겠습니다.

국회 상임위, 국정조사, 특검 등 모든 방안을 강구하겠습니다. 법적으로, 정치적으로 할 일을 모두 하겠습니다.

증거를 모으고, 국민 마음을 모으겠습니다.

조국의 함성

국민 여러분 그리고 당원 동지 여러분!

헌법재판소의 박근혜 탄핵 결정문에 이런 대목이 있습니다.

"법 위배 행위가 반복되지 않도록 할 헌법 수호 의지가 드러나지 않는다. 결국 피청구인의 위헌, 위법 행위는 국민의 신임을 배반한 것으로, 헌법 수호의 관점에서 용납될 수 없는 중대한 법 위배 행위라고 보아야 한다."

'형법상 유죄'가 아니라, '헌법 수호 의지가 드러나지 않는 것'을 탄핵 사유라고 본 것입니다.

윤석열 대통령의 위헌적 행태와 헌법 수호 의지 결여의 정황은 국정의 도처에서 발견됩니다.

국정농단도 탄핵 사유입니다.

국정농단의 징후 또한 많이 드러나 있습니다.

윤석열 대통령과 대통령실이 채 해병 순직 사건 수사에 불법적으로 개입한 정황이 속속 드러나고 있습니다.

국민 여러분 그리고 당원 동지 여러분께 묻습니다.

작년 7월 31일, 02-800-7070 번호로 국가안보실장, 국방부 장관, 대통령 법률비서관에게 전화를 건 사람은 도

대체 누구란 말입니까?

윤석열 대통령의 경제공동체인 배우자 김건희 씨는 여당 당무에 개입했습니다. 한동훈 씨와 주고받은 문자에 드러납니다.

노동자 한 달 치 월급 값인 명품백을 받고 행정관 실수라며 꼬리를 자릅니다.

도이치모터스 주가조작 사건에서 김건희 씨의 계좌를 관리한 이 모 씨가 다시 등장했습니다.

이 모 씨는 채 해병 사건 때 "내가 'VIP'한테 얘기를 하겠다"라고 밝혔습니다. 경찰 인사개입 의혹도 불거집니다.

주가조작범이 국정 곳곳에서 등장하고, 그가 대통령 부부와 연관되어 있다면 그게 바로 국정농단입니다!

존경하는 국민 여러분, 사랑하는 당원 동지 여러분!

그러나 저희 힘만으로 부족합니다.

국민 여러분께서 진실을 캐내주십시오.

위헌과 국정농단 행위 제보를 부탁드립니다.

정의와 공정을 추구하는 언론인들께서도 동참해주십시오.

위헌행위, 불법행위를 발굴하는 데 함께해주십시오.

저희와 함께 '태블릿PC' 같은 팩트를 찾아냅시다.

공무원 여러분께도 부탁드립니다.
여러분은 국민 전체를 위한 봉사자이지, 윤석열 개인의
종복이 아닙니다.
대통령실에서 어떤 요구를 해오는지, 무슨 위헌적이고
불법적인 일을 하는지 국민께 밝혀주십시오.

이렇게 국민 모두의 노력이 모이면 국정농단의 실체가
드러날 것입니다.
조국혁신당은 탄핵과 퇴진을 향해 나아가는 쇄빙선의 엔
진에 시동을 걸겠습니다.

우리 모두 같이 힘을 모아 끝장을 냅시다!

존경하는 국민 여러분, 사랑하는 당원 동지 여러분!
국민들이 저희 조국혁신당에게 이렇게 묻습니다.
검찰독재정권 조기 종식 너머에는 무엇이 있느냐?

제가 네 가지 약속을 드리겠습니다.

첫 번째, 정치 혁신입니다.

지금 정치 틀은 낡았습니다. 지금 정치가 대한민국 국민 의사를 잘 반영하고 있습니까?

다들 고개를 저으실 것입니다.

현재의 정치에 만족하지 못하시는 국민 690만 명이 저희 12명을 국회로 보내셨습니다.

그러나 저희가 대변하려는 국민 목소리는 교섭단체라는 벽에 막혀 멈춰 섭니다. 그래서는 안 됩니다.

조국혁신당이 교섭단체가 되는 일이 바로 정치 혁신의 출발입니다.

두 큰 정당과 생각이 다른 국민들, 두 큰 정당에 포괄되지 않는 국민들도 국회 속에 대변인을 가질 당당한 자격이 있습니다.

배제와 극단을 넘어서고, 국민의 다양한 의사가 정치에 제대로 반영되어야 합니다.

국민 모두에게 이익이 되어야 합니다.

국회에 '정치혁신특위'를 만들 것을 제안합니다.

국회의원만이 아니라 국민이 참여해 의제를 고르고 결론을 도출하는 '숙의제'로 진행합시다.

교섭단체 기준 완화 등을 포함해 어떻게 하면 국민 목소리를 빠짐없이 정치에 반영할지 논의해야 합니다.

두 번째, 지역정치 혁신에 나서겠습니다.
지방자치 시대가 된 지 29년입니다.
우리의 지역정치는 제대로 돌아가고 있습니까?

아닙니다.
어떤 지역은 일당 독점체제입니다.
말뚝을 꽂아도 당선됩니다.
지방의회가 지방정부를 견제하지 못하고 오히려 짬짜미
가 이루어집니다.
정치 혁신은 국회에서 그칠 일이 아닙니다. 지역정치로
까지 확산되어야 합니다.

지역의 정치 혁신은 국회 혁신 못지않게, 아니, 그보다 더
중요합니다. 국민 삶에 더 밀착되어 있기 때문입니다.

고이면 썩고, 흐르면 살아납니다.
저와 조국혁신당이 정치의 고인 물을 다시 흐르게 하겠
습니다. 경쟁이 필요한 곳에 저희가 들어가겠습니다.

영남에서 조국혁신당이 활약하면, 더 좋은 경쟁과 협력

이 펼쳐집니다.

호남에서도 저희가 나서야 '호남정치'가 복원됩니다.

지역정치에 활력이 생기고, 우수 인재가 묻히지 않습니다.

호남과 영남에서 인재를 찾아 키우겠습니다.

'차세대 DJ, 새로운 노무현'을 발굴해 조국혁신당의 이름으로 국민께 선보이겠습니다.

지방선거와 대통령선거에 저희가 뛰어듦으로 인해 더 좋은 경쟁이 일어나고, 야권 전체의 파이가 커지고, 승률이 올라간다면 저희는 망설임 없이 뛰어들겠습니다.

그래야 정권교체가 가능해집니다.

'더 좋은 정권교체'가 됩니다.

세 번째, 개헌을 추진하겠습니다.

문민정부 이래 모든 국회에서 개원 초기 개헌을 약속합니다. 그러나 아직도 개헌은 이뤄지지 않고 있습니다.

지금 헌법으로 산 지 37년째입니다. 일제강점기 35년보다 더 긴 세월입니다.

조국혁신당은 부마민주항쟁, 5·18 민주화운동, 6·10 민주항쟁의 헌법 전문(前文) 수록, 대통령 4년 중임제, 검사

영장 신청권 삭제 등 일곱 가지 조항을 이미 마련해놓았습니다.

각 정당은 개헌에 찬성 의사를 밝혔습니다.
우원식 국회의장도 동의했습니다. 미룰 이유가 없습니다.
다른 당 지도부가 들어서면 국회 '개헌특위' 설치를 논의하겠습니다.

네 번째, 민생을 최우선시하는 나라, 국가 건설입니다.
식민지와 개발독재를 경험한 대한민국 국민은 국익 앞에서 희생했습니다. 늘 허리띠를 졸라맬 것을 요구당했습니다.

더 이상 그래서는 안 됩니다.
대한민국 국민은 민주화 이후에도 어느 나라 국민보다 성실하게 일했습니다.
노동시간은 경제협력개발기구 국가 중 가장 긴 축에 듭니다. 국민으로서 할 수 있는 모든 일을 다했습니다.

그런데 국가는 국민을 위해 뭘 했습니까?
국민 요구에 제대로 부응했습니까?
아닙니다.

이제 국민은 자신이 이룬 것만큼 요구할 권리가 있습니다.

국가가 우선이 아니라 국민이 먼저인 나라!
이것이 제가 꿈꾸는 대한민국,
"다시 태어나고 싶은, 더 좋은 나라"입니다.
그 꿈을 저는 '사회권 선진국', '민생 선진국'이라고 부르
겠습니다.

당원 동지 여러분 그리고 국민 여러분께 묻겠습니다.

돈이 부족해 전월세 집을 전전하고, 번 돈을 대부분 거주
비에 쓰는 게 맞습니까?
국민은 안전하고 편안하게 살 수 있는 집이 있어야 합니
다. 그게 '주거권'입니다.

아플 때 돈이 없어 치료를 못 받고, 앓으면서 버텨내야 합
니까? 아닙니다. 돈 걱정 없이 치료받고, 평생 건강하게
살아야 합니다. 그게 '건강권'입니다.

노동자는 존중받고 제대로 임금을 받으며 안전하게 일해
야 합니다. 그게 '노동권'입니다.

모든 국민은 질 좋은 교육을 받아야 합니다. '교육권'입니다.

제 몸을 스스로 돌보지 못하는 이들과 가족이 돌봄을 받을 권리, '돌봄권'입니다.

건강하고 안전한 환경에서 살 권리 '환경권', 누구도 소외되지 않고 디지털 혁신을 나누고 누리는 '디지털권', 문화의 즐거움을 누구나 제한 없이 자유롭게 누릴 수 있는 '문화권', 그 권리를 마음껏 누릴 수 있는 나라, 이것이 제가 꿈꾸는 "다시 태어나고 싶은 나라"입니다.

존경하는 국민 여러분, 당원 동지 여러분!
조국혁신당은 조속한 정권교체의 선봉이 되겠습니다.
조국혁신당은 서민과 중산층 삶을 두텁게 하겠다는 초심을 지키겠습니다.
정권교체를 해야 하지만, 부자들만 더 잘살게 하는 정권교체는 결코 좋은 정권교체가 아닙니다.

꿈같은 이야기입니까?
모두 함께 꾸면, 꿈은 현실이 됩니다.
우리 모두 같은 꿈을 꿉시다.

그리고 실천합시다.

총선 때처럼 다시 뭉쳐 원팀, 어벤저스, 결사대가 됩시다.

그래서 마침내 "다시 태어나고 싶은 나라" 대한민국을 함께 가꿔갑시다.

조국혁신당 비전선언문 2024년 7월 20일

우리는 나라를 사랑하는 민주시민들이다.

우리는 민주주의의 퇴행을 막고, 모든 사람이 인간다운 삶을 누릴 수 있는 새로운 대한민국을 건설하기 위해 조국혁신당을 창당했다.

민주공화국의 정신과 가치를 수호하고, 계층·지역·세대·성·인종 등 모든 종류의 차별에 반대하며, 개인의 자유와 행복이 공동체의 번영과 조화를 이루도록 대한민국을 끊임없이 혁신하고 발전시키는 것이 우리의 이념이자 목표이며 역사적 사명이다.

조국혁신당은 자주독립과 평화통일, 민주적 참여와 인간다운 삶을 추구한 대한민국 혁신의 역사적 전통과 빛나는 가치를 계승한다. 이념대립과 교조를 넘어 균등과 자유를 통합적으로 추구했던 대한민국임시정부 건국강령과 대한민국 제헌헌법은 우리 정치공동체의 소중한 뿌리이다. 4·19 혁명과 부마민주항쟁, 5·18 민주화운동, 6월 시민항쟁, 87년 7·8·9월 노동자 대투쟁, 촛불혁명은 대한민국 혁신을 위한 저항과 연대의 자랑스러운 전통이다.

조국혁신당의 당원은 대한민국을 혁신하는 민주시민이다. 조국혁신당의 근본적 토대는 바로 당원과 지지자이다. 조국혁신당은 당원들의 참여와 지도부의 과감하고 선도적인 활동이 유기적으로 융합되는 정당정치의 새로운 모범을 창출할 것이다. 조국혁신당의 당원은 치열하게 학습하고, 열정적으로 토론하며, 과감하게 행동하고, 적극적으로 소통하면서 대한민국 정치의 혁신 주체로 우뚝 설 것이다.

나라를 사랑하는 민주시민의 피와 땀으로 문을 연 제6공화국은 산업화와 민주화의 성취를 바탕으로, 민주주의를 거스를 수 없는 역사적 현실로 만들었다. 제6공화국은 민주적 정권교체의 역사를 정착시키고, 복지국가의 기초를 만들었으며, 한반도의 항구적인 평화를 추구했다. 이는 우리가 소중하게 계승하고 발전시켜야 할 민주정치의 자산이다. 역사가 퇴행하려는 시기마다 나라를 사랑하는 민주시민들의 저항이 있었다. 결단하고 행동하는 민주시민들이 있었기에 대한민국은 정치, 경제, 사회문화 등 여러 분야에서 전 세계의 주목을 받는 가장 역동적인 국가로 도약할 수 있었다.

그러나 지금 검찰독재정권은 국정을 난도질하며 제6공화국의 역사적 성취를 무너뜨리고 있다. 이러한 퇴행은 동시에 이제는 낡은 질서가 되어버린 제6공화국을 넘어서야 한다는 사실을 일깨워주는 것이기도 하다. 친일과 독재의 잔재는 완전히 극복되지 않았고, 분단과 전쟁의 망령은 낡은 기득권 질서를 뒷받침하고 있으며, 불평등과 차별은 확대되고 있다. 형식적 민주화의 성취에도 불구하고 실질적 민주화는 지체되었고, 민주공화국을 지탱하는 공존과 상생의 가치는 실종되었다. 그 결과 시민들은 각자도생과 무한경쟁의 압박 속에서 불안한 삶을 이어가고 있다.

지금 세계는 심각해지는 기후위기, 가속도가 붙은 첨단 과학기술의 발전 속에서 지금까지의 인류의 삶과 경제구조가 근본적으로 도전받는 복합위기 시대에 접어들었다. 양극화와 불안정노동의 증대, 초저출생과 고령화, 수도

권 과잉집중과 지방소멸은 현실적 위협이다. 70여 년을 넘어서고 있는 한반도의 군사적 대결은 국제질서의 재편과 맞물리면서 대한민국을 적대와 전쟁의 공포로 몰아넣고 있다.

역사적 퇴행을 막고 낡은 질서를 혁신하며 시대적 도전을 넘어서기 위해 우리는 먼저 정치를 바로 세우고자 한다. 지금 대한민국 정치는 현재의 문제를 해결하지도, 미래를 준비하지도 못하고 있다. 조국혁신당은 낡은 정치를 혁파하고, 새로운 정치의 중심이 되어 혁신 대한민국, 제7공화국을 건설할 것이다.

제7공화국은 조국혁신당이 건설하는 새로운 대한민국이다. 우리는 시민의 주권이 온전히 실현되고, 국가권력은 오직 시민을 위해 존재하는 대한민국을 만들 것이다.

첫째, 제7공화국은 노동의 가치가 존중되고, 일자리, 주거, 육아, 교육, 건강과 안전 등이 국민의 권리로서 보장되는 사회권 선진국이다. 우리는 대한민국을 사회적 취약계층의 처지가 개선되고, 불평등과 차별이 해소되며, 모든 시민이 연대하고 상생하는 공존의 공화국으로 혁신할 것이다.

둘째, 제7공화국은 인간과 자연의 상생을 추구하며, 생명과 생태계를 존중하고, 기후정의가 실현되는 환경 선진국이다. 기후위기는 지금 우리의 삶을 무너뜨리는 참혹한 현실이다. 우리는 선도적이고 획기적인 에너지 전환 정책을 통해 기후위기를 기후정의 실현의 계기로 만들어 대한민국을 상생과 생명의 공화국으로 혁신할 것이다.

셋째, 제7공화국은 시대에 뒤떨어진 중앙집권적 개발국가체제를 극복하고, 분권과 자치를 폭넓게 실현하는 자치분권 공화국이다. 우리는 연방제에 버금가는 자치분권의 튼튼한 기반 위에 담대한 국토균형발전 정책을 추진하여 대한민국을 어느 지역이나 골고루 잘 사는 균형발전 선진국으로 혁신할 것이다.

넷째, 제7공화국은 남북한의 평화공존질서를 확립하고, 상생과 연대의 새로운 통일을 준비하는 평화선진국이다. 우리는 한반도에서 전쟁의 역사를 종식시키고, 대한민국을 재난과 위기에 처한 지구촌의 모든 인류와 연대하여 인도주의와 평화협력의 새로운 모범을 창출하는 연대와 평화의 공화국으로 혁신할 것이다.

이제 우리 조국혁신당은 검찰독재를 조기 종식시키고,

대한민국을 혁신하는 담대한 투쟁을 시작한다. 조국혁신당은 대한민국 정치를 혁신하고, 민주정치의 기반을 새롭게 구축하며, 대한민국의 새로운 미래를 준비하는 정치적 공론장, 정치적 축제의 장을 만들 것이다.

우리 조국혁신당은 낡은 질서를 허물고 역동과 창의가 꿈틀대는 혁신 대한민국을 꿈꾸는 창조적 파괴자들과 함께 행동할 것이다. 조국혁신당은 정치를 바꾸고, 헌법을 바꾸고, 낡은 질서와 관습을 혁파하여 마침내 새로운 대한민국, 제7공화국을 건설할 것이다.

조국혁신당 당원 동지들이여!
역동적 대한민국을 꿈꾸는 혁신가들이여!
내 나라를 사랑하는 민주시민들이여!
그 담대한 투쟁의 길에, 그 위대한 승리의 길에
우리 함께 어깨를 걸고 당당히 나아가자!

내 나라, 내 겨레, 내 조국의 혁신을 위해 행동하는
조국혁신당

'왕초 밀정'을 규탄합니다

— 광복절 기자회견 2024년 8월 15일

윤석열 정권이 출범한 후 대통령실과 역사연구기관 수장에 '뉴라이트' 인사들이 속속 자리 잡았다. 이명박 정권 출범 시 '뉴라이트' 인사들이 일정한 기여를 했지만, 정부와 학계의 요직을 대대적으로 차지하진 못했다. '뉴라이트'의 득세는 윤석열 정권하에서 이루어졌다.

대한민국은 1948년 8월 15일 비로소 '건국'되었고, 일제 식민지하에서 '근대화'가 이루어지는 성과가 있었으며, '종군위안부'는 강제성이 없었다고 주장하는 자들이 당당하게 목소리를 높이며 활보하는 지경이 벌어진 것이다. 그리하여 홍범도 장군 흉상을 육사에서 제거하려는 시도가 이루어졌고, 우리나라 대법원 강제징용 배상판결을 우리 정부가 비판하는 일, 일본 후쿠시마 오염수 방류의 정당성을 우리 정부가 홍보하는 일이 벌어졌다. '친일'을 넘어 '매국'이었다. 급기야 광복회(회장 이종찬)에서 윤석열 정권을 정면 비판하기에 이른다.

정부는 광복회 주관 8·15 기념식에 참석하지 않고, 세종문화회관에서 별도의 행사를 개최했다. 조국혁신당은 일제 밀정 같은 자를 요직에 임명한 자야말로 '왕초 밀정'임을 알리기 위해 세종문화회관 앞에서 기자회견을 가졌다. 기자회견을 마치고 광복회 주관 기념식에 참석했다. '보수주의자' 이종찬 회장의 격정 연설이 감동적이었다.

광복절 기자회견문 2024년 8월 15일 광화문 이순신 동상 앞

기자 여러분 그리고 국민 여러분, 안녕하십니까.
대한민국은 지금 안녕하지 못합니다.

일제 치하에서 광복된 지 79년이 지났지만, 여전히 일제 그림자가 짙게 드리워져 있습니다. 친일, 종일, 부일, 숭일 분자들이 판치고 있습니다.

예전에는 친일파 조상이 물려준 재산을 갖고 음지에서 호의호식하던 자들에 불과했습니다.
그런데 이제는 고개를 빳빳이 들고 정부와 학계 요직을 하나둘씩 꿰차고 있습니다.

광복 79주년 국회·시민사회·종교인 1000인 선언 2024년 8월 14일 국회 본청 계단
ⓒ오마이뉴스 유성호

보통의 자리가 아닙니다.

대통령 외교안보 책사인 국가안보실 1차장 김태효 씨는 이럽니다. "자위대가 주권국가로서의 교전권을 사용하지 못하는 상태에 영원히 있어야 한다는 논리는 대단히 편협하다."

그 윗자리 국가안보실장에 앉은 신원식 국방부 장관은 "대한제국이 존속했다고 일제보다 더 행복했겠냐", "이완용이 매국노였지만 어쩔 수 없는 측면도 있다"라고 합니다.

3대 역사연구기관이라는 국사편찬위원회, 한국학중앙연구원, 동북아역사재단 수장이 모두 친일, 독재정권 옹호론자들입니다.

역사 및 역사교육 관련 기관에서 적어도 25개 자리를 이런 자들이 차지했다고 합니다.

이들은 일본 제국주의의 한반도 강점은 합법이라는 둥 위안부와 징용은 강제적이지 않았다는 둥 일제 덕분에 조선이 근대화되었다는 둥 대한민국은 1948년 8월 15일에 비로소 건국되었다는 둥 말도 안 되는 주장을 해왔습니다.

일제 시절 우리를 위해 일하는 척했지만 알고 보면 일제

광복절 기자회견 2024년 8월 15일 광화문 이순신 동상 앞
ⓒ조국혁신당

를 위해 일했던 밀정 행태와 하등 다를 것 없는 자들입니다. 이런 밀정들이 정부와 학계를 야금야금 갉아먹고 있습니다.

일제 밀정 같은 자들을 요직에 임명한 자가 바로 왕초 밀정입니다. 바로 저곳 세종문화회관에서 열리는 정부의 8·15 기념식 단상 가장 가운데 앉은 사람 말입니다.

윤석열 대통령에게 다시 묻겠습니다.
귀하는 대한민국 20대 대통령입니까?
아니면 조선총독부 제10대 총독입니까?

저희 조국혁신당은 야당, 시민사회와 함께 친일 주구와 밀정들을 하나하나 색출해 국민께 고하겠습니다.
친일 밀정 정권 축출에 온 힘을 다하겠습니다.
3년, 지긋지긋하게 깁니다.

경쟁과 협력의 정치를 실현하겠습니다

— 최고위원회 모두발언 2024년 8월 26일 외

10·16 재보궐선거 참여를 결정하면서, 조국혁신당과 더불어민주당 사이에 긴장이 높아졌다. 각 당원과 지지자 사이에서 논쟁이 벌어졌다. 당시 조국혁신당은 만들어진 지 7개월 정도밖에 되지 않았고, 지역구 국회의원, 지방의원, 지역위원회 등 지역조직이 하나도 없었다.

그렇지만 참여를 결정했다. 민주당과 공통분모도 많지만, 비전과 정책에서 차이가 있는 정당으로서 선거를 외면할 수 없다는 원론적 판단 때문만은 아니었다. 민주당이 일당 독점체제를 유지하고 있는 호남지역에서는 경쟁이 필요하고, 이 경쟁이 호남정치와 지방자치를 발전시킬 것이라는 신념 때문이었다. 조직력은 압도적으로 열세이지만, 호남 유권자들에게 조국혁신당의 지방자치·지역균형발전에 대한 비전과 정책을 알리고 싶었다.

결정 후 영광·곡성 두 지역에 숙소를 구하고 '한 달살

조국의 함성

이'에 들어갔다. 민주당과는 "경쟁과 협력" 관계가 되는 것이 양당 모두에게, 그리고 호남정치 발전에 도움이 된다고 강조했다. 조국혁신당은 호남이라는 '부모'에게 '효도'를 더 잘하는 경쟁을 할 것이니 기회를 달라고 호소했다. 새벽 목욕탕에서 주민을 만나고, 동네 식당과 카페에서 밥을 먹고 차를 마시고, 토란을 캐고 딸기 접을 붙였다. 지역에 사는 각 분야 시민사회 단체 활동가, 청년 창업인과 귀농 농부를 만나 고충과 애로사항을 청취했다.

얼굴이 까맣게 타고 체중은 빠졌지만, 많은 것을 배우고 느꼈다. 비례후보만 냈던 4·10 총선과는 완전히 다른 경험을 했고, 중요한 교훈을 얻었다. 최종적으로 영광과 곡성 모두에서 당선되지 못했지만, 두 지역을 평균하면 30퍼센트 정도의 득표율을 얻었다. 7개월짜리 신생 정당으로서는 큰 성과라고 평가한다. 10·16 재보궐선거의 경험과 교훈은 이후 2026년 지방선거와 2028년 23대 총선을 대비하는 데 큰 도움이 될 것이다.

재보궐선거 관련 최고위원회 모두발언문 2024년 8월 26일

안녕하십니까. 조국혁신당 조국 대표입니다.
저는 파리 올림픽 때 우리 양궁팀을 유심히 봤습니다.

이번에도 한국 양궁이 세계를 제패했습니다.

우리 양궁팀은 왜 강할까요?

비결은 두 가지입니다. 경쟁과 협력입니다.

양궁 국가대표 선발전에서 선수들은 치열하게 실력으로 경쟁합니다. 학연, 지연, 파벌은 끼어들지 못합니다.

따라서 선수들은 끊임없이 자기를 계발하고 혁신하는 노력을 멈추지 않습니다.

그러나 국가대표가 되면 '원팀'으로 거듭납니다.

서로 의지하며 밀고 끌어줍니다.

개인전에서는 철저한 경쟁자로, 단체전에서는 든든한 원팀으로 뜁니다.

'경쟁과 협력', 바로 조국혁신당이 추구하는 선거 전략입니다.

저희가 재보궐선거에 뛰어든다니까, 우려하는 목소리가 나옵니다.

예컨대, "민주당에 도움이 안 된다, 민주진보 진영에 해가 될 것이다" 등의 주장이 나옵니다.

지난 2월 조국혁신당 창당 때도 똑같은 주장이 나왔습니다.

4월 총선 결과는 어땠습니까?

정반대였습니다. 민주진보 진영이 압승했습니다.

조국혁신당이 없었다면 민주당과 야당 의석수가 지금 민주당과 조국혁신당을 합친 숫자와 비슷했을까요?

저는 훨씬 적었을 것이라고 생각합니다.

조국혁신당은 10월 재보궐선거에 후보를 내고 야당들, 특히 민주당과 경쟁하며 협력하겠습니다.

호남에서 치열하게 경쟁하겠습니다.

세 가지 이점(利點)이 있습니다.

첫째, 호남정치가 활성화됩니다.

호남은 사실상 민주당 일당 독점 상태입니다.

고인 물은 썩습니다. 흐르게 해야 합니다.

앞으로 조국혁신당은 누가 더 좋은 사람과 정책을 내놓느냐로 경쟁할 것입니다. 기존 네트워크가 아닌 새로운 통로가 생기고, 제2, 제3의 '김대중, 노무현'이 발굴될 것입니다.

둘째, 조국혁신당이 단체장을 배출하거나 지방의회에 들어가면 지방정치가 혁신됩니다.

지방정부와 지방의회 사이에 생산적 긴장이 만들어집니다. 지방의회는 지방정부에 대해서 더 좋은 견제를 할 수 있습니다. 지방의회 내에서의 '짬짜미' 가능성도 사라집니다. 이러한 변화는 모두 유권자들에게 이익이 됩니다.

셋째, 유권자 선택의 폭이 넓어집니다.
지금까지 민주당 후보나 민주당 성향 무소속 후보를 찍어야 했습니다. 앞으로 참신한 혁신당 후보가 3번 기표칸에 자리하게 됩니다. 주민들은 더 많은 후보 중 더 좋은 후보를 택할 수 있게 됩니다.

국민의힘 독점으로 질식 상태인 영남정치에도 숨구멍을 내겠습니다.
민주당 후보보다 더 좋은 지역 후보를 내겠습니다. 최근 영입한 류제성 변호사는 어느 후보보다 훌륭하다고 자부합니다. 민주당이 후보를 내지 못하는 지역에도 과감히 후보를 내겠습니다. 이곳에서도 독점을 깨고, 견제하며, 선택의 폭을 넓힐 것입니다.
영남지역에서 민주당과 경쟁하되, 당선을 위해 연대할 수도 있을 것입니다.

겸허한 마음으로, 지난 총선에서 조국혁신당에 한 표를 주셨던 690만 명의 국민께 여쭙겠습니다.
혁신당 후보가 지역에서 당선되면 윤석열 정권에 좋은

일일까요? 혁신당이 커지면 윤석열 정권에 고개를 숙이고 타협할까요?

"천만의 말씀, 만만의 콩떡"입니다.

"3년은 너무 길다"라며 친일 밀정 검찰독재정권 축출의 깃발을 가장 높이 든 혁신당이 세를 넓혀갈수록, 탄핵의 힘은 커집니다. 정권교체의 가능성은 높아집니다.

오는 10월 재보궐선거에서 몇 명이 당선되든 결과가 어떻든 저희는 계속 도전할 것입니다.

내년 4월 재보선, 2026년 지방선거, 2028년 23대 국회의원 선거 등 모든 선거에 후보를 내겠습니다. 그러면서 경쟁과 협력을 계속해나갈 것입니다.

올해 총선에서 대승한 것처럼 앞으로도 이 승리 공식은 성공적으로 작동할 것입니다.

애국시민과 민주진보 진영이 싸우고 물리쳐야 할 대상은 명확합니다. 기득권, 짬짜미, 연고주의입니다.

그리고 이들 모두를 합친 것보다 더 나쁜 것은 윤석열 정권입니다.

조국혁신당과 민주당의 최종 목표는 같습니다.

윤석열 정권의 조기 종식, 국민의힘 재집권 저지입니다.

그 목표를 달성할 현실적 방법은 오로지 경쟁과 협력입니다.

재보궐선거 관련 최고위원회 모두발언문 2024년 10월 17일

안녕하십니까. 조국혁신당 대표 조국입니다.

어제 재보궐선거에서 저희는 당선자를 내지 못했습니다. 겸허하게 결과를 받아들입니다.

이번 선거에서 지역정치와 행정의 혁신을 기치로 내걸었습니다. 3월 3일 창당하고, 7개월 만의 첫 지역 선거였습니다. 처음으로 직접 지역 후보를 내고, 거대 정당과 겨뤘습니다.

전국의 열성 당원들은 먼 길을 달려와 제 돈을 쓰며 뛰셨습니다.

당 대 당 혁신 경쟁, 후보 단일화, 선택과 집중 등 창당 때부터 일관되게 주창한 협력과 경쟁의 원칙을 실제 적용했습니다.

조국의 함성

이번 경험은 돈 주고도 사지 못할 자산입니다.

첫술에 배부르겠습니까. 모두 전국 정당, 대중정당으로
발돋움하는 발판이 될 것입니다.

무엇보다, 지지해주신 유권자들께 정말 감사드립니다.
수고하신 당원 동지들과 후보들께 위로와 치하를 드립
니다.

다시 신발 끈을 묶읍시다.
다음 도전은 더 옹골차고, 더 힘찰 것입니다.

'사회권'을 구현하는 민생 선진국

— 국회 비교섭단체 대표연설 2024년 9월 9일

조국혁신당은 창당할 때부터 검찰독재정권 조기 종식 외 '사회권 선진국'을 제시했다. 일각에서는 급조한 구호 아니냐는 의혹을 제기했다. 그러나 나는 교수 시절이던 2017년《사회권의 현황과 과제》(경인문화사)를 책임 편집했고, 2022년에는《가불 선진국: 연대와 공존, 사회권 선진국을 위한 제언》(메디치미디어)을 발간했다. '사회권 선진국'은 나의 오랜 고민이 응축된 용어다. 당내에서도 '사회권'이라는 단어가 낯설어 총선의 대표 공약으로 적절치 않다는 지적도 나왔다. 그러나 이는 대안으로 제시된 '복지 선진국' 등과는 다른 개념이었기에 밀고 나가자고 설득했다.

사회권은 주거·노동·보육·교육·의료 등 인간다운 삶을 보장하라고 국민이 국가에 요구할 수 있는 '권리'를 말한다. 국가가 시혜적으로 베푸는 복지와는 개념이 다르다. 복지를 강화해야 한다는 점에서는 기존의 '복지국가론'과 차이가 없지

조국의 함성

만, 이를 한 단계 더 높이는 의미가 있다.

그러자 국민의힘과 수구언론은 '사회권 선진국'에 대해 "사회주의 정책"이라는 질 낮은 공세를 폈다. 사회권은 법학계에 자리 잡은 개념이고, 우리 정부가 1990년 비준한 '유엔 사회권 규약'(1966)에서 명시적으로 보장하고 있는 보편적 인권이다. 국민의힘과 수구언론의 공격은 역설적으로 이 개념을 홍보하는 효과를 낳았다. 조국혁신당이 검찰개혁 비전 외 사회경제적 개혁 비전이 있음을 부각하는 계기가 되었다.

2024년 9월 9일 비교섭단체 대표연설은 당 차원은 물론 개인적 차원에서도 중요한 의미가 있었다. 원내 3당으로서의 비전을 국회 본회의장에서 제시하는 일이기에 단어 하나하나에 신경을 썼다. 개인적 차원에서는 당을 대표해 본회의장 단상에 오르는 일이라 긴장했다. 특히 2019년 법무부 장관이 되어 당시 야당 의원들의 호출에 불려나가 비난과 추궁을 받았던 기억이 있는지라 마음이 복잡 미묘했다.

윤석열·김건희 부부의 거짓말, 선출되지 않은 권력 김건희의 국정개입, 검찰·경찰·군을 장악하고 권력 유지에 몰두하는 정권의 행태를 비판한 후, 윤석열 대통령에게 "모든 권력기관을 주머니 속 공깃돌로 가지고 놀더라도, 국민의 마음을 잃는 순간 나락으로 떨어질 것"이라고 경고했다. 그리고 조국혁신당은 "고통받고 분노하는 국민의 도구"가 되어 싸우겠다고 선언했다. 이어 여덟 가지 사회권 중 '주거권'과 '돌봄권'을 강조했다. 이 두 권리 보장이야말로 대한민국의 소멸을 막는 지름길이기 때문이다. 마지막으로 개헌과 정치개혁의 필요성을 강조했다.

이날 연설은 거리가 아닌 국회 본회의장에서 하는 것이라 단호하면서도 품격 있는 표현과 자세를 유지하고자 했다. 국회의원으로서 하는 의정활동의 정점이었다.

돌이켜보면, 윤석열 일당은 당시 이미 국회의 권한을 정지시키고 국회의원을 체포·사살하는 내란·군사반란 음모를 꾸미는 천인공노할 구상과 계획을 짜고 있었다.

국회 비교섭단체 대표연설문 2024년 9월 9일 국회 본회의장

존경하는 국민 여러분, 재외 동포 여러분,
우원식 국회의장님과 선배, 동료 의원 여러분,
조국혁신당 대표 조국입니다.

지난 3월 3일 창당을 한 신생 정당의 대표로서, 22대 국회 초선의원으로서, 전국의 거리에서 만난 국민의 목소리를 가감 없이 전하고자 이 자리에 섰습니다.

저는 흠결이 있는 사람입니다.

그런데도 지난 총선에서 690만 명의 국민께서 저와 조국 혁신당을 선택해주셨습니다. 그 마음과 뜻을 명심하며, 항상 겸허한 자세로 국민과 함께하고자 합니다.

■ 거짓말쟁이 정권

지난 총선에서 국민은 무도하고, 무능하고, 무책임한 집권 여당에 매서운 회초리를 들었습니다.
총선 후 윤석열 대통령은 말했습니다.
"국민의 뜻을 겸허히 받들어 국정을 쇄신하고, 경제와 민생 안정을 위해 최선을 다하겠다."

새빨간 거짓말이었습니다.
부자와 강자만 챙기는 국정 기조를 바꾸지 않았습니다.
경제와 민생 파탄을 외면하고 있습니다.
현재 서민들은 코로나 시국보다 삶이 어렵다고 하소연합니다. 소상공인, 자영업자 폐업률과 가계빚은 날마다 치솟고 있습니다. 경기는 침체하고, 나랏빚은 역대 최고로 쌓여갑니다.
게다가 무모한 의대 2000명 증원 결정의 여파로 응급환자는 병원을 못 찾아 목숨을 걸고 뺑뺑이를 돕니다.

상황이 이러함에도 윤석열 정권은 전(前) 정권 탓만 합니다. 시도 때도 없이 '이념 몰이'에 나섭니다. 반대자와 비판자를 '반국가세력', '검은 세력'이라고 비방합니다.

일제강점기의 불법성을 부인하고, '식민지 근대화론'을 주창하는 소위 뉴라이트 인물들을 정부와 학계의 요직에 앉힙니다.

그런데 윤석열 대통령의 거짓말은 이번이 처음이 아닙니다. 2013년 10월 21일 서울고검 국정감사장 기억나십니까?

윤석열 여주지청장이 증인으로 나와 "저는 사람에게 충성하지 않는다"라고 말했습니다.

저도 국민도 박수를 쳤습니다. 그러나 거짓말이었습니다. 저도 속고, 국민도 모두 속았습니다.

윤 대통령은 극히 일부 '특권계급' 사람에게만 충성하고 있습니다. 특히 자기 자신과 배우자 김건희 씨에게 충성하고 있습니다.

거짓말은 윤석열 대통령만 하지 않았습니다.

2021년 12월 26일, 김건희 씨는 허위 경력 논란을 사과하며 말했습니다.

"남편이 대통령이 되더라도 아내의 역할에만 충실하겠다."

이 역시 새빨간 거짓말이었습니다.

■ 선출되지 않은 권력의 국정개입

대선 전 2022년 1월 공개된 녹취록에 나오는 김건희 씨의 생생한 발언, 기억하실 것입니다.

"우리 남편은 바보다. 내가 다 챙겨줘야지 뭐라도 할 수 있는 사람이다."

"내가 정권 잡으면 거기는 완전히 무사하지 못할 거다."

국민에 의해 선출된 적이 없는 김건희 씨가 대통령 행세를 합니다. 여당 대표와 문자를 하며 회유하고 압박합니다. 정부 인사를 자신이 한다고 자기 입으로 말합니다.

급기야 김건희 씨가 전 여당 의원에게 지역구를 옮기라고 했다는 보도도 나왔습니다. 여당 내에서도 "터질 게 터졌다"라고 합니다.

경고합니다.

박근혜 정권에서 최순실(최서원 개명 전 이름) 씨가 무슨 일을 했는지, 그 결과 박근혜·최순실 두 사람이 어떻게 되었는지 국민은 다 기억하고 있습니다.

어떤 부적도, 어떤 무당도 막아주지 못할 것입니다.

■ 권력 유지에만 몰두하는 정권

존경하는 국민 여러분 그리고 선배, 동료 의원 여러분,
윤석열 대통령은 검찰총장 시절, 자신이 이끄는 검찰을
이렇게 자랑했습니다.
"살아 있는 권력의 비리를 눈치 보지 않고 공정하게 수사
하는 검찰."
그런데 자신이 최고의 "살아 있는 권력"이 된 후, 검찰은
어떻게 되었습니까?

어느 주가조작 사건에서 공범이 유죄판결이 났는데, 전
주(錢主)가 소환도 기소도 되지 않습니까.
어느 공무원 배우자가 300만 원짜리 명품가방을 받고 무
사히 넘어갑니까.
어느 피의자가 자신이 지정한 곳에서 조사를 받습니까.
어느 검사가 수사하러 가서 휴대전화를 피의자 측에 제
출합니까.
이 정도는 '수사'가 아니라 '접대'입니다.

반면 전 정권과 야당은 사냥하듯 수사합니다.
원래 겨누었던 잘못이 안 나오면, 나올 때까지 먼지털기
식 수사를 합니다. 원래 사냥감이 잘 잡히지 않으면, 가

조국의 함성

국회 비교섭단체 대표연설 2024년 9월 9일 국회 본회의장

ⓒ국회

족, 친척, 지인을 텁니다.

그리고 일방적 피의사실을 '친검(親檢)' 언론에 흘립니다.

어디서 많이 본 모습 아닙니까?

바로 15년 전 노무현 대통령님의 비극이 발생하기 전과 똑같습니다.

게다가 윤석열 대통령은 자신이 검찰총장 시절 대변인이 었던 이창수 검사를 서울중앙지검장에 임명했습니다.

현 김주현 민정수석이 법무부 검찰국장 시절 검찰과장이 었던 심우정 검사를 검찰총장 후보로 지명했습니다.

이유가 무엇이겠습니까?

검찰을 더욱더 수족으로 부리겠다는 것 아닙니까?

한편 윤석열 대통령은 자신이 나온 충암고 인맥으로 군 과 경찰을 장악하고 있습니다.

김용현 국방부 장관은 물론, 여인형 방첩사령관, 박종선 777사령관 등 군내 정보계통을 충암고 라인으로 다 채웠 습니다. 경찰 인사를 하는 이상민 행정안전부 장관 역시 윤 대통령의 충암고 후배입니다.

충암고는 윤석열 정권의 '하나회'로 자리 잡을 것입니다.

윤석열 대통령에게 경고합니다.

아무리 모든 권력기관을 주머니 속 공깃돌로 가지고 놀더라도, 국민의 마음을 잃는 순간 그대는 나락으로 떨어질 것입니다.

■ 국민의 도구로 싸우는 조국혁신당

존경하는 국민 여러분, 선배, 동료 의원 여러분,

창당 이후 만났던 국민의 목소리를 전하고자 합니다.

이태원 참사 희생자 고(故) 이상은 씨의 어머니는 딸의 생일날을 맞아 김치찌개를 방문객에게 대접했습니다.

제 손을 꼭 잡아주신 어머니께서 무슨 말씀을 하셨는지는 짐작하실 것입니다.

지난해 수해 현장에서 숨진 채 해병의 어머니는 1주기를 앞두고 편지를 썼습니다.

"저희에겐 하나뿐인 외동입니다. 사람들은 아무도 모릅니다. 얼마나 힘듦과 고통 속에 살고 있는지."

어머니는 애끓는 심정으로 진실을 밝혀달라고 요구합니다.

대구에서 만난 전세 사기 피해 젊은 신혼부부는 울먹이

며 말했습니다.

"평생 모은 돈이 다 날아갔어요. 이제 우리는 어디 가서 어떻게 살아야 합니까."

저와 조국혁신당은 고통받고 분노하는 국민의 도구가 되고자 합니다.

총선 때 광주 충장로 우체국 앞에서 유세를 준비할 때였습니다. 한 어르신께서 제 손을 잡으시며 말씀하셨습니다. "견뎌주어 고맙네. 살아남아주어 고맙네. 이제 잘 싸워주게."
지난달 말, 전남 영광과 곡성을 방문했을 때도 똑같은 말씀을 들었습니다.

지난 윤석열 정권 2년은 대한민국의 잃어버린 2년으로 기록될 것입니다.

저희는 창당, 총선에서 이렇게 외쳤습니다.
"3년은 너무 길다!"
무도하고 무책임하고 무능한 윤석열 정권은 나라를 더 망치기 전에 종식되어야 합니다.
국민은 이 정권 치하에서 너무도 힘듭니다.

조국의 함성

인내심이 바닥나고 있습니다.

조국혁신당은 당내에 '3년은 너무 길다 특별위원회'를 구성했습니다. 저희는 이미 "심리적 탄핵"을 하신 국민의 마음을 받들며 온 힘을 다해 위헌과 위법의 증거를 모으겠습니다.

존경하는 국민 여러분, 선배, 동료 의원 여러분,
조국혁신당은 12석에 불과합니다.
원내 교섭단체도 아닙니다.
저희 힘만으로는 할 수 없는, 그러나 반드시 이루어야 할 시급한 사회경제적 과제 두 가지를 말씀드립니다.

국민은 조국혁신당에 묻고 계십니다.
"윤석열 정권 종식 이후 무엇을 할 것이나?"
조국혁신당은 문화·디지털·노동·환경·건강·교육 등 여덟 가지 '사회권'을 구현하는 민생 선진국을 제시했습니다.

오늘은 이 중 두 가지를 말씀드리고자 합니다.

■ 주거 혁신

첫째는 '주거권' 보장을 통한 '주거 혁신'입니다.
주거권은 쾌적한 집에서 안정되게 살 수 있는 권리입니다.
국민 40% 정도가 전월세 등 빌린 집에서 삽니다. 집주인
이 세를 올리거나, 방을 빼라고 할까 봐 노심초사합니다.
서울에서는 중위소득 가구가 10년간 소득을 한 푼도 안
쓰고 모아야 중간 가격 주택 한 채를 살 수 있습니다.
소득의 3분의 1을 저축해도 30년 넘게 걸립니다.
버는 속도보다 집값 오름세가 가파릅니다.

이러면 사람다운 삶을 살 수가 없습니다.
결혼하고 싶어도 함께 살 집 마련이 어렵고, 애를 낳고 싶
어도 여력이 없습니다.
먼저, 질 좋은 공공주택과 다양한 사회주택을 국가가 확
보해 제공해야 합니다.

2022년 기준, 공공임대주택은 전체 주택 재고량의 10%
가 안 됩니다. 더욱이 90% 이상 60제곱미터 이하입니다.
그래서 공공임대주택은 좁고 오래된, 변변치 않은 집으
로 인식됩니다.
앞으로 84제곱미터 이상의 질 좋은 집 공급을 확대해야

합니다. 빌라나 주택 등도 공공부문이 더 많이 흡수해서
공급해야 합니다.

청년, 신혼부부용 주택 확대는 물론, 평범한 가족을 위해
'초장기 임대주택' 공급도 추진해야 합니다.
신혼부부가 84제곱미터 50년 '초장기 임대주택'에 들어
가면 굳이 집을 사지 않아도 될 것입니다.

조금 더 여유 있는 국민을 위해 내 집 마련도 쉬워지게 해
야 합니다. 문제는 땅값이나 공사비입니다.
'리츠'(Real Estate Investment Trust) 등 주택금융을 잘 활용하
여 새로운 유형의 '지분공유형 주택'이나 '협동조합형 간
접소유 주택'을 늘려야 합니다.

이제 주거와 관련된 공공기관과 공기업의 역할도 바꿔야
합니다.
돈을 얼마나 벌었느냐로 평가하지 말고, 국민에게 제대
로 거주지를 공급했느냐로 잘잘못을 따져야 합니다.
그러면 정책의 방향이 확 바뀔 것입니다.

국회 비교섭단체 대표연설 2024년 9월 9일 국회 본회의장

ⓒ국회

■ 돌봄 혁신

두 번째는 '돌봄권' 보장을 통한 '돌봄 혁신'입니다.
요람에서 무덤까지 제대로 된 '돌봄'을 받을 권리, 그리고
제대로 된 '돌봄'을 할 수 있는 권리입니다.
우리 사회는 급속히 '초고령사회'가 되고 있습니다.
중증 환자는 크게 늘었습니다.

돌봄의 필요성은 더 커졌습니다.
특히 간병 문제가 심각합니다. 간병비 부담과 간병 스트
레스는 겪어보지 않은 사람은 모릅니다. 간병비 때문에
파산하고, 간병인이 환자를 살해하는 등 비극적인 사건
이 잇따르고 있습니다.
가족 돌봄하는 청소년은 공부를 제대로 못 해 취업 길이
막히고, 그래서 가난해질 수밖에 없습니다.

악순환을 끊어야 합니다.
건강보험과 의료급여에 '간병'을 포함시켜야 합니다.
간병을 개인이 아닌 국가가 책임져야 합니다.
우리 집은 관계없다고 생각할지 모릅니다.
곧 닥칩니다.
우리 모두는 누구나 아프고 다치고 나이 듭니다.

질병과 노환은 지역이나 사람, 이념, 계급을 가려서 오지 않습니다.

또한 영유아 돌봄도 공공서비스를 확대함으로써 해결해야 합니다.

말로만 아이를 낳으라고 하지 말고, 가족이 아이를 잘 키울 수 있도록 사회 여건을 획기적으로 바꾸는 것이 국가가 할 일입니다.

그에 앞서 당장 손길이 필요한 가정을 위해 "낳으면 나라가 키워주겠다"라고 선언하고 실천해야 합니다.

아이를 위해 나라가 나서야 할 때입니다.

육아휴직 활성화법, 지역 돌봄 강화법, 가족 돌봄 휴가법 등 '전 국민 돌봄 보장' 시리즈 법률이 필요합니다.

■ 국가소멸을 막는 방책

'주거권'과 '돌봄권' 보장은 대한민국이라는 국가의 소멸을 막는 방책입니다.

'주거권'과 '돌봄권'을 말하면, 돈이 문제라고들 합니다.

맞습니다.

그러나 감세와 복지 증대를 함께 약속하는 사람은 거짓

말썽이입니다. 중력을 이겨내야 대기권을 뚫고 우주에 다다를 수 있습니다.

세금과 복지 관련한 오랜 고정관념과 두려움을 떨쳐버려야 선진국으로 도약할 수 있습니다.

당장 증세는 못 하더라도, '부자감세'만큼은 철회해야 합니다. 대기업과 부자만 배를 불리지 말고, 보통의 국민에게 이익이 골고루 돌아가도록 해야 합니다.

■ 두 가지 정치개혁 과제

존경하는 국민 여러분, 선배, 동료 의원 여러분,

이어 조국혁신당은 정치개혁을 위한 두 가지 과제를 제안합니다.

먼저 제7공화국으로 진입하기 위한 개헌을 제안합니다.

제6공화국 헌법은 국민의 피와 땀으로 일궈냈습니다.

그 뒤 37년이 지났습니다. 일제강점기보다 긴 세월입니다. 우리 사회는 크게 변화했습니다. 이 변화에 걸맞은, 새로운 미래를 준비하는 새로운 헌법이 필요합니다.

헌법 전문에는 5·18 민주화운동, 부마민주항쟁, 6·10 민주항쟁을 수록해야 합니다. 이 운동과 항쟁으로 우리는 현재에 이를 수 있었습니다.

대통령 5년 단임제도 4년 중임제로 바꾸어야 합니다. 책임정치를 구현하고, 국정의 연속성과 일관성도 강화할 수 있습니다.

민생과 복지를 위한 사회경제적 개혁을 원활하게 만들 수 있는 사회권 강화 조항도 필요합니다.

합헌적으로 수도를 이전할 수 있는 '수도 조항'도 신설해야 합니다.

가능하면 빨리 개헌특위를 만들어, 개헌안을 만듭시다. 2026년 6월 3일 이루어지는 지방선거 이전에, 국민투표로 개헌안을 확정합시다. 그 국민투표는 축제가 될 것입니다.

두 번째 제안은 정치개혁입니다.

지금 대한민국 정치는 민의를 정확히 반영하지 않습니다.

우리 정치는 비례성과 다양성이 강화되는 쪽으로 개혁되어야 합니다.

최근 거대 양당은 정치개혁을 명목으로 지구당 부활에 합의했습니다. 과거 지구당을 폐지한 이유는 '돈 먹는 하마'였기 때문입니다.

고비용 정치와 금권선거가 이제 완전히 사라졌을까요?

조국의 함성

국민은 그렇게 생각하지 않을 것입니다.

지구당을 되살리면 민의를 더 잘 수렴할 수 있을까요?

그렇지 않을 것입니다.

지구당 부활은 거대 양당 소속 정치인에게만 좋은 일입니다.

현행 비례대표 선출 방식은 '준연동형'입니다.

다당제가 민주주의를 발전시킨다는 점에 공감대가 형성된 결과입니다.

그러나 현행 국회법은 양당제를 전제로 구성되어 있습니다. 대표적인 게 교섭단체 기준입니다.

12석을 얻은 조국혁신당은 국회 운영에서 투명 정당 취급을 받습니다. 690만 지지자 의견을 국회 운영에서 대변할 길이 없습니다. 정당 보조금 배분에서도 큰 차별을 받습니다.

동료 의원님께 간곡히 호소합니다.

이제 교섭단체 기준을 개선합시다.

박정희 유신독재정권이 개악하기 이전으로 돌아갑시다.

정치 신인 때 정치개혁에 대해 품었던 초심을 한 번만 돌아봐주십시오.

■ 행동하는 정치

존경하는 국민 여러분 그리고 선배, 동료 의원 여러분,
우리 국민은 교양과 품격이 있는 지도자를 가질 자격이
있습니다.
절제된 국가권력을 가질 자격이 있습니다.
주거와 돌봄을 걱정하지 않아도 될 자격이 있습니다.

조국혁신당이 쇄빙선이 되어, 깨뜨리겠습니다.
조국혁신당이 예인선이 되어, 이끌겠습니다.
4년 뒤 22대 국회가 끝날 것입니다.
그때 국민은 이렇게 말씀하실 것입니다.

"조국혁신당이 정권교체를 위하여 가장 앞장서서 싸웠
다."
그리고 "조국혁신당으로 인하여 국회에서 주거권과 돌봄
권의 기초가 마련되었다. 그 출발점은 2024년 9월 9일이
었다"라고 말입니다.

조국혁신당은 행동하는 정치를 하겠습니다.
감사합니다.

윤석열 탄핵 깃발을 들다

— '3년은 너무 길다 특별위원회' 모두발언 2024년 9월 11일 외

2024년 7월 25일, '3년은 너무 길다 특별위원회'를 발족시키고 위원장을 맡았다. 윤석열 탄핵을 위한 자료를 축적하여 논리를 구축하고, 그 당위성과 필요성을 국민께 알리기 위함이었다. 조국혁신당은 원내정당 중 가장 먼저 윤석열 탄핵의 깃발을 들었다. 당시 여의도 안팎에서는 "성급한 것 아닌가", "쇼하는 것 아닌가" 등의 우려 또는 조롱이 제기되었다. 그러나 나는 윤석열 탄핵이 현실화될 징후가 점점 분명해지고 있다고 판단했다.

당시에 근거가 된 것은 선출되지 않은 권력 김건희의 국정개입과 공천개입이었다. '김건희 특검법'이 여당의 반대로 가로막히고 있었지만, 김건희의 국정개입과 공천개입을 파고 들어 가면 윤석열 탄핵으로 이어질 것이라고 확신했다. 당시 조·중·동 등 보수언론도 김건희 국정개입과 공천개입을 강하게 비판하고 있었다.

조국혁신당은 '윤석열·김건희 공동정권'이라는 용어를 널리 사용하면서 국민께 탄핵의 당위성과 필요성을 알렸고, 탄핵은 헌정질서 중단이지만 이를 통한 이익이 손실보다 훨씬 큰 정당방위임을 강조했다. 추석을 맞이해서 전국 주요 지역에 "탄핵의 달을 띄우겠습니다"라는 문장이 적힌 현수막을 걸었는데 반응이 매우 좋았다. 10월 26일에는 원내정당 최초로 서울 서초구 대검찰청 앞에서 '윤석열 대통령 탄핵 촉구 집회'를 열었다. 10월 28일 당대표 취임 100일 기자회견에서는 "오동잎이 떨어졌다"라고 말했다.

윤석열은 12·3 위헌·위법 비상계엄으로 자멸의 구렁텅이로 들어갔지만, 정권의 공동운영자 김건희의 범죄 혐의에 대한 수사는 기척도 없다. 이 시점에 다음과 같이 강조한다.

"윤석열 다음은 김건희다."

'3년은 너무 길다 특별위원회' 모두발언문 2024년 9월 11일

민족의 대명절 추석을 앞두고 국민은 걱정이 태산인데, 윤석열·김건희 공동정권은 '추석 말밥용' 밥상을 차리기 위해 온갖 수단을 동원하고 있습니다.

윤석열·김건희 공동정권의 '추석 말밥용' 밥상 위에는 전임 대통령의 먼지털기식 수사가 메인 요리, 사이드 요리,

디저트로 등장하고 있습니다. 해괴한 논리로 온 가족을 '털고' 있습니다. 어김없이 언론과 손을 꼭 잡고 이 밥상의 'MSG', 즉 여론작전도 펼칩니다.

그런데 아십니까.
국민들의 '추석 말밥용' 밥상은 상다리가 아주 휘어질 지경입니다. 모두 김건희 씨 덕분입니다.

첫 번째 도이치모터스 주가조작 의혹
두 번째 삼부토건 주가조작 의혹
세 번째 명품백 수수
네 번째 인사개입 의혹
다섯 번째 총선 공천개입 의혹
여섯 번째 코바나컨텐츠의 뇌물성 협찬 의혹
일곱 번째 채 상병 사망 사건 구명 로비 의혹
여덟 번째 세관 마약 사건 구명 로비 의혹
그래서 특별히 김건희 씨 특검에는 '종합'이라는 단어가 붙습니다.
부창부수(夫唱婦隨), 김건희 씨의 '성역 없는 의혹'입니다.

이뿐입니까.
전국 어느 지역을 가도 명절 대목에 환호하는 가게도, 명절 보너스로 지갑이 두툼해진 직장인도 만나기 어렵습니다.

가짓수도 양도 줄여보지만 장바구니 물가는 도저히 감당이 안 됩니다.

그렇다고 올해 최고로 가격이 떨어진 하얀 쌀밥만 상에 내어놓을 수 없는 일입니다.

그렇다고 정부가 친절하게 알려준 대로 시금치 대신 열무를 먹자니 씁쓸하기 짝이 없습니다.

배탈이 나서 갑자기 복통이라도 오면 큰일이니 차라리 굶는 게 속편하겠다는 생각마저 듭니다.

먹고사는 일, 아프면 병원에 가야 하는 가장 기본적인 일상을 윤석열·김건희 공동정권이 송두리째 흔들고 있습니다.

하지만 국민 여러분, 너무 힘 빼지 마십시오.

답은 정해져 있습니다.

조국혁신당이 추석을 앞두고 "탄핵의 달을 띄우겠습니다"라고 약속드린 것은 '사이다' 발언 한 번 한 것이 아닙니다.

이 정부는 눈만 뜨면 쌓여가는 김건희 씨 의혹과 함께 무도함, 무능함, 무지함에 이어 유체이탈을 반복하는 윤석열 대통령, 오로지 '용산'만을 위해 무리수와 헛발질을 해

대는 검찰과 해당 부처 직원들도 혀를 내두르는 '빌런' 인사로 가득 찼기 때문입니다.

조국혁신당은 국민과 함께 반드시 그 책임을 물을 것입니다.
탄핵의 달이 다 떠오르기 전에 윤석열·김건희 공동정권, 검찰독재 종식을 위해 할 수 있는 모든 것을 할 것입니다.

'국정농단'도 '국민농단'도 당장 멈추십시오.

'3년은 너무 길다 특별위원회' 모두발언문 2024년 10월 23일

"대통령실이 2류, 3류들에게 농락당한 장면을 목격하며 구정물을 함께 뒤집어쓴 느낌", "공직 활동도 부인이 챙겨줘야 하는 사람이 대통령이라면, 나라가 무너질 일", "나라와 부인 가운데 하나를 선택해야 한다."

이는 윤석열 정권에 맞서는 소위 '반국가세력'의 목소리가 아닙니다. 보수언론 조선·동아·중앙일보가 쏟아낸 글의 일부입니다.
어떤 느낌인가요? 두 가지가 엿보입니다.

윤석열 대통령에 대한 분노와 절망감이 느껴집니다.
또 윤석열·김건희 공동정권 '손절'에 들어간 듯합니다.

윤석열 정권을 자신들이 세웠다고 자부해왔고, 무슨 일이 있어도 편들고 보위하던 '친윤 언론'마저 이젠 구제 손길을 뻗을 엄두가 나지 않는 지경이 되었습니다.

보수논객 조갑제 씨도 용산 회동에 대해 "국면 전환의 계기가 될 것으로 기대했지만, 결과는 상황 악화의 계기가 될 것으로 보인다. 2016년 10월 박근혜 대통령이 놓였던 처지가 되풀이되고 있다"라고 썼습니다.
그의 말대로 윤 대통령에 대해 국민은 이미 심리적 탄핵의 단계를 넘어서고 있다는 생각이 듭니다. 수치가 그 증거입니다.

지난주 금요일 발표된 한국갤럽 조사에서 윤석열 대통령 국정 지지율은 22%, 부정은 69%입니다. 2016년 이맘때 박근혜 전 대통령보다도 낮습니다. 박 전 대통령은 긍정 25%, 부정 64%였습니다.

윤석열 대통령과의 면담에서 한동훈 대표는 '김 여사 리스크'에 대한 대통령의 결단을 요구했습니다. 그러나 윤

'3년은 너무 길다 특별위원회' 발족식 2024년 7월 25일
ⓒ오마이뉴스 남소연

대통령은 "누가 어떤 잘못을 했는지 구체적으로 문제를 전달하면 그 내용을 보고 조치를 판단하겠다. 나는 문제 있는 사람은 정리하는 사람이다"라고 말했습니다.

누가 어떤 잘못을 하는지, 대한민국 사람 모두 다 아는데 대통령만 모른다는 것입니다.

김건희 씨의 국정개입 사실은 계속 드러납니다.
명태균 씨와 김영선 전 의원 보좌관이던 강혜경 씨는 경악할 만한 폭탄발언을 연이어 냅니다.
"김 여사가 김영선 전 의원 공천을 줬다."
"지난 대선 당시 '윤석열의 20, 30대 지지율을 20% 올리라'고 명태균 씨가 지시했다. 이는 보정이 아니라 조작이다."
"명 씨가 김 여사와 영적으로 대화를 많이 한다고 주변에 여러 번 자랑했다."

국민은 이런 윤석열·김건희 부부의 언동과 행태를 보며 "저런 사람이 국민의 대표이고 영부인이다. 왜 부끄러움은 국민의 몫이어야 하느냐"라고 탄식합니다.

국민 여러분께 여쭙겠습니다.

조국의 함성

김건희 씨가 사과하고 대외활동을 자제하면 상황이 달라질까요?

"완전히 바보"라는 남편을 대통령으로 만든 건 자신이라는 김건희 씨 생각이 바뀔까요?

"내가 정권을 잡으면"이라고 말하고, "남북문제에 적극적으로 나설 생각"이란 포부를 밝히는 김건희 씨의 정체는 도대체 무엇인가요?

김건희 씨는 윤석열 대통령과 정권을 함께 운영하는 권력 공동체입니다. 앞으로도 자기 지분을 끊임없이 요구할 것입니다.

국민은 김건희 씨를 대통령으로 뽑지 않았습니다.

또 국민은 불의한 대통령을 거부할 수 있습니다. 헌법에 나와 있는 내용입니다.

윤석열 정권이 출범한 지 3년도 되지 않았습니다.

그런데 민주화 이후 수십 년간 우리 사회가 어렵게 쌓아온 가치와 규범이 송두리째 무너지고 있습니다.

더 이상은 안 됩니다.

헌정질서 중단은 불행한 일입니다.

그러나 무도하고 불의한 정권을 끌어내리는 것은 우리의

'3년은 너무 길다 특별위원회' 회의 2024년 10월 23일
ⓒ오마이뉴스 남소연

삶과 나라의 근간을 지키기 위한 정당방위입니다.

2017년 3월 10일 헌법재판소는 박근혜 대통령 탄핵을 결정했습니다. 그 결정문에 이런 문구가 있습니다.

"국민으로부터 직접 민주적 정당성을 부여받은 피청구인을 파면함으로써 얻는 헌법 수호의 이익이 대통령 파면에 따르는 국가적 손실을 압도할 정도로 크다고 인정된다."

우리는 지금 이 말을 되새겨야 합니다.

국민 여러분 그리고 당원 동지 여러분!
오는 26일 토요일 서울 서초동 검찰청 앞에 모입시다.
선출되지 않은 권력, 자격이 없는 김건희 씨의 '대통령 놀이'를 끝장내야 합니다. 불의하고 무능하고 무도한 윤석열 대통령을 끌어내립시다.

윤석열·김건희가 보수의 가치를 지키고 있습니까

— 대구 탄핵다방 1호점 연설 2024년 11월 2일

'탄핵다방'은 윤석열 탄핵의 정당성과 필요성을 전국적으로 알리기 위한 조국혁신당만의 고유 캠페인이었다. 당시 탄핵집회가 열리고 있었지만 거의 다 서울 중심으로 이루어졌기에 지역 곳곳으로 찾아가야겠다는 판단을 했다. 그리고 전형적인 집회 형식이 아니라, 보통의 시민이 편하게 접근할 수 있는 형식이 필요하다고 판단했다.

이 캠페인의 출발은 10·16 재보궐선거 당시 전개한 '꾹다방'이었다. '꾹다방' 구상은 당직자 한 명이 낸 것인데, 느낌이 좋아 채택하여 시행했다. 조국혁신당의 비전과 정책을 홍보하기 위해 연성화된 캠페인을 마련해 부산, 영광, 곡성을 돌며 커피와 음료를 제공했는데, 시민들의 반응이 매우 좋았다.

'탄핵다방'은 대구(2024년 11월 2일 현대백화점)를 시작으로 목포(11월 7일 남악중앙공원), 서울 여의도(11월 13일 여의도공원), 전주(11월 22일 풍남문광장), 대전(11월 24일 갤러리아 타임월드), 제주(11월 29일 탐라문화광장), 김해(12월 1일 거북공원)까지 개최했다. 나의 대법원 판결 선고일이 12월 12일로 잡히면서 이후 일정은 중단되었지만, 의미와 성과가 있었다고 자평한다.

'탄핵다방' 1호점을 대구에서 개점하겠다고 하니, 주변에서 우려와 걱정이 있었다. 대구는 보수의 아성이고 윤석열 지지층이 두꺼운 곳인데 잘되겠느냐는 것이었다. 그러나 현장 분위기는 뜨거웠다. 준비한 1000잔이 2시간 만에 동이 나서 행사를 빨리 끝내야 했다. 마침 행사 전 발표된 한국갤럽 여론조사에서 윤석열 지지율이 19퍼센트로 나와 윤석열의 종말을 예고했는데, 같은 조사에서 대구·경북 지지율이 18퍼센트 나왔던 바, 그 이유를 짐작할 수 있었다. 당일 행사에 참석한 시민이 직접 만든 손팻말을 들고 나왔는데, "T·K 18%, 니카 나카 해차뿔자"라고 적혀 있었다. "너랑 나랑 해치워버리자"의 영남 사투리였다. 이 손팻말을 받아들고 원고 없는 즉석연설을 했다.

대상이 대구시민인 만큼 내가 생각하는 보수의 소중한 가치 두 가지를 강조했다. 즉 애국과 사람의 품격이다. 윤석열 정권은 애국과 거리가 먼 친일정권이라는 점, 윤석열·김건희 부부의 말과 행동에 품위와 품격이 결여되어 있다는 점을 지적했다. 반응이 뜨거웠다. 연설 후 '탄핵리카노'를 제공했는데 50대 말 60대 초 남성이 커피를 받으며 말했다.

"지난 대선에 윤석열을 찍었다. 그러나 도저히 못 봐주겠다. 빨리 탄핵시켜달라."

대구 탄핵다방 1호점 연설문 2024년 11월 2일

대구시민 여러분, 인사드립니다. 조국입니다.
제가 여기 시민께서 들고 계신 손팻말이 딱 눈에 띄어서
하나 들고 이야기를 시작하도록 하겠습니다.

어제까지만 하더라도 일기예보에서 대구에 비 온다는 이
야기가 있어 걱정을 했는데 비도 전혀 안 오고 날씨가 너
무 좋습니다.
그리고 많은 시민들, 당원 여러분들이 모여주셔서 너무
감사드리고요.

탄핵다방 1호점이 오늘 대구에서 열리는 이유에 대해 말
씀드리고 서빙을 하도록 하겠습니다.
한국갤럽 여론조사에서 전국적으로 윤석열 대통령 지
지율이 19%가 나온 것도 놀라운 일인데 대구·경북에서
19%가 아닌 평균보다 1% 떨어진 18%가 나왔습니다.
많은 사람들이 대구가 보수의 지역이다, 야권의 험지다
등등의 말을 하고 있는데 한국갤럽 여론조사에서 전국

평균 지지율 19%보다 더 아래인 18%가 나왔다는 것입니다. 이 의미가 무엇일까 저는 생각해보았습니다.

저는 조국혁신당 대표이고, 정치적 성향으로 진보적이라고 생각합니다. 그런데 저는 우리나라 정치가, 진보와 보수가 공정하고 당당하게 경쟁하고 협력해야 한다고 생각합니다. 좋은 보수정치인이 많기를 희망하고 있습니다. 그런데 여기 계신 대구시민 여러분 그리고 조국혁신당 당원 동지 여러분께 하나 여쭙겠습니다.
대구가 경북이 보수라고 전제한다면,
대구시민 여러분, 존경하는 대구시민 여러분!
윤석열·김건희 두 사람이 자랑스럽습니까?
윤석열·김건희 두 사람이 보수의 가치를 지키고 있습니까?

저는 진보정치인이지만 보수의 가치 중에서 소중하다고 생각하는 게 있습니다. 보수의 가치에서 소중한 두 가지를 꼽으라면 하나는 애국입니다. 두 번째는 사람의 품격입니다.

윤석열·김건희 공동정권이 우리나라의 이익을 가장 우선시하는 애국정권입니까. 도대체 윤석열 대통령의 국적

대구 탄핵다방 2024년 11월 2일

ⓒ조국혁신당

은 어디입니까. 어찌해서 한국 정부가 일본 정부의 이익을 우리 돈 써가면서 옹호하는 것입니까.

그러니 대구가 보수의 성지라고 하더라도 '이건 아니다!' 라고 생각하시는 것입니다.

두 번째 제가 존중하는 보수의 가치는 품위와 품격입니다.

존경하는 대구시민 여러분!

존경하는 대한민국 국민 여러분!

윤석열 대통령과 김건희 여사의 말과 행동에서 품위를 느끼십니까? 품격을 느끼십니까?

우리가 존경할 수 있는 분입니까?

저는 대통령이 진보일 수도 있고 보수일 수도 있다고 생각합니다. 하지만 기본적 품위는 대통령과 영부인이 지켜야 하는 것 아닙니까.

그렇지 않기 때문에 대구만이 아니라 전국의 국민들이 윤석열·김건희 두 사람을 부끄러워하고, 윤석열·김건희 공동정권에 대해서 개탄을 하고, 그리고 여기 대구의 시민들은 다른 지역 평균보다 더 낮은 18%의 지지를 보내는 것 아닙니까.

저는 더 솔직한 마음으로는 대구시민들 중에서 윤석열 대통령, 윤석열·김건희 공동정권을 지지하는 분들은 18%도 안 된다고 생각합니다. 진심으로 지지한 분은 1.8%밖에 안 될 것이라고 생각합니다.

조국혁신당이 탄핵다방을 연다고 선언했습니다. 그리고 1호점을 대구에서 열겠다고 제가 말했습니다.

그랬더니 주변에 많은 사람들이 저보고 말하기를 '왜 대구에 가서 하냐, 다른 데 가서 하지. 대구 가면 분위기 썰렁할 수 있다, 대구 가면 달걀 맞는다, 대구 사람들이 조국혁신당, 조국 대표 싫어할 수도 있고, 물병 던지거나 계란 던지거나 할 수도 있다…'

저는 절대 믿지 않았습니다. 대구시민들이 그런 사람입니까. 아닙니다.

저는 대구에서 시작하겠다고 했습니다.

윤석열·김건희 공동정권이 보여주는 각종 행태에 어느 지역보다 바로 여기 대구시민들이 가장 분노하고 실망하고 있다고 저는 확신했기 때문입니다.

진보·보수의 문제가 아닙니다.

진보·보수는 각자의 가치가 있습니다. 각자의 가치와 비전을 추구하고 경쟁하고 협력해야 합니다. 그러나 윤석열·김건희 두 사람의 문제는 진보나 보수의 문제가 아닙

조국의 함성

니다.

우리 대한민국의 평균적 보통 사람이 갖고 있는 그 품위와 품격을 지키지 못하는 대통령과 영부인을 우리는 더 이상 용납할 수 없기 때문입니다.

저만이 아니라 대한민국 국민들, 특히 보수를 자처하고 보수의 가치를 존중하는 대구시민들이야말로 윤석열·김건희 두 사람이 부끄러운 것입니다.

그 이전에 진보 대통령이 있었고, 보수 대통령이 있었습니다. 그런데 대구에서 저건 아니다, 대통령이 저 정도 수준은 아니다, 영부인이 저 정도는 안 된다고 하는, 그런 대통령 부부가 어느 누가 있었습니까.

과거에 제일 나대던 영부인 이순자 여사, 기억하십니까. 군부독재입니다.

그런데 지금은 검찰독재 시대인데, 영부인 김건희 씨는 이순자 씨보다 더합니다. 이순자 씨보다 더하단 말이 얼마나 부끄러운 일인지 윤석열·김건희 두 사람은 깨달아야 합니다. 직시해야 합니다.

조국혁신당은 신당입니다. 3월 3일 만들어지고 1년도 안 되었습니다. 국회의원 12명입니다. 다른 거대 양당에 비하면 의석수도 적습니다.

그렇지만 이 문제만큼은, 저희의 역사가 짧고 규모가 작더라도, 이 문제만큼은 국민들께 직접 호소를 해야겠다, 특히 보수적이라고 이야기하는 대구에서 제일 먼저 이 말씀을 드려야겠다고 생각해서 여기에 와 있는 것입니다.

존경하는 국민 여러분 그리고 존경하는 대구시민 여러분, 보수의 품격을 지키기 위해서, 보수의 가치를 지키기 위해서 윤석열·김건희 공동정권은 조기 종식되어야 합니다. 동의하십니까!
윤석열·김건희 공동정권은 대한민국의 근본을 흔들고 있습니다.
대한민국의 기본 가치를 무너뜨리고 있습니다.
대통령 부인으로서의 품격을 망가뜨리고 있습니다.
더 이상 안 됩니다!
우리나라를 위해서 그리고 우리의 자존심을 위해서도 더 이상은 안 됩니다!

오늘 이렇게 많이 모여주셔서 너무 감사드립니다.

살아 있는 권력 수사는 다 어디 갔습니까

— 검찰해체·윤석열 탄핵 범국민대회 2024년 11월 16일 외

'명태균 게이트'가 정국을 흔들고 있었다. 윤석열·김건희 부부와 명태균이 대선 이전은 물론 이후에도 서로 연락하고 소통한 사실, 이 과정에서 명태균이 여당의 공천, 국책사업 선정, 파업현장 시찰과 대책수립 등에 깊숙이 관여한 사실이 드러났다. 그 이전에 드러났던 수많은 비위 혐의 전체를 능가하는 수준의 대형 게이트였다. 검찰이 수사를 뭉그적거리고, 특검법은 저지되고 있었지만 윤석열 탄핵으로 가는 길이 활짝 열린 느낌이었다.

2024년 12·3 위헌·위법 비상계엄 후 검찰 수사로 밝혀진 바에 따르면, 윤석열은 11월 24일 김용현 국방부 장관을 만난 자리에서 '명태균 게이트'를 비상계엄 선포의 이유 중 하나로 거론했다.

11월 11일 최고위원회에서 '명태균 게이트'는 윤석열 탄핵 사유라는 점을 분명히 하고, 헌법을 지키기 위해 행동해

야 한다고 연설했다. 그리고 더불어민주당 이재명 대표가 11월 9일 장외집회에서 언급한, '차마 말할 수 없는 두 글자'는 바로 '탄핵'이라고 못 박았다. 시민사회를 향해서도 탄핵에 동참하라고 호소했다.

국회 일각에서 제기하는 '임기단축 개헌'에 대해서는 필요성을 인정하면서도, 제일 중요한 것은 국민의 정당한 분노를 모으는 것이라고 말했다.

11월 16일 경복궁역 앞에서 조국혁신당 주최로 '검찰해체·윤석열 탄핵 범국민대회'를 개최했다. 당일 비가 제법 내렸다. 투명 우비를 입고 집회에 참석해 격정 연설을 했다. 헌법과 민주공화국을 지키는 최후 수단이 바로 탄핵임을 강조했다. 마지막에 외쳤던 세 개의 구호는 지금도 유효하다.

"윤석열을 탄핵하라!"

"김건희를 구속하라!"

"정치검찰 해체하라!"

조국혁신당 단독집회를 마치고, 야5당과 시민사회단체가 함께하는 연합집회에 참석했다. 계속 비가 내렸고, 기온이 떨어졌다. '거부권을 거부하는 전국비상행동'이 주최하고, 야5당이 참여하는 집회였는데 준비된 손팻말과 공통구호에 '탄핵'은 빠져 있었다. 아직 이르다는 판단이었을 것이다.

조국혁신당 대표로서 연단에 올라가 '탄핵'으로 나아가야 한다고 연설했다. 11월 11일 최고위원회 발언에 이어, 민주당 이재명 대표가 '차마 말하지 못하겠다'고 했던 글자가 바로 '탄핵'이고 '파면'이라고 한 번 더 강조했다. 연설 마지막은 "3년은 너무 길다"가 아니라 "석 달도 너무 길다"를 외치는 것으로 마무리했다. 다들 아시다시피 이후 '석 달'도 다 가기 전에 윤석열은 스스로 파멸의 구렁텅이로 들어갔다.

최고위원회 모두발언문 2024년 11월 11일

안녕하십니까. 조국혁신당 대표 조국입니다.

윤석열·김건희 부부 정권에서 벌어지고 있는 해괴한 일은 8년 전 박근혜 정권 때와 참 닮았습니다.
두 정권의 대처법도 복사판입니다.

2016년 가을, 박근혜 대통령은 세 차례 대국민 메시지를 발표합니다. 최순실 씨 국정개입 사실이 폭로된 뒤였습니다.

박 대통령은 10월 25일 첫 번째 사과 당시 발뺌을 합니다. 이렇게 말했습니다.
"선거 때 다양한 사람들 의견을 듣는다. 최순실 씨는 과거 어려움을 겪을 때 도와준 인연으로 대선 때 연설, 홍보 등이 국민에게 어떻게 전달되었는지 의견이나 소감을 전달해주는 역할을 했다. 취임 후 의견을 물은 적이 있다. 저로서는 꼼꼼하게 챙겨보고자 하는 순수한 마음으로 한 일이다."

지지율이 폭락하자, 11월 4일 이렇게 대국민 담화를 했습니다.

"개인적 인연을 믿고 제대로 살피지 못한 나머지 주변 사람들에게 엄격하지 못한 결과가 되고 말았다. 제가 사이비종교에 빠졌다거나, 청와대에서 굿을 했다는 이야기까지 나오는데 결코 사실이 아니다."

그러면서 "국민들께서 맡겨주신 책임에 공백이 생기지 않도록 자주 소통하며 국회 요구를 무겁게 받아들이겠다"라고 퇴진 의사가 없음을 명백히 밝혔습니다.

이상을 지난 7일 윤석열 대통령의 대국민 담화, 기자회견과 비교해보면 어떻습니까? 기본 태도가 정말 유사하지 않습니까?

2016년 국정농단의 실체가 드러나자 모든 국민이 거리로 나와 박근혜 정권 퇴진을 외쳤습니다. 헌법 1조를 노

조국의 함성

래 불렀습니다. 박근혜 정권으로부터 헌법을 지키고자
한 것입니다.

이제 헌법을 유린하는 윤석열·김건희 공동정권으로부터
다시 헌법을 지키기 위해 행동해야 할 시간이 왔습니다.

당당한 분노와 담대한 행동이 필요합니다.

민주당 이재명 대표께서는 지난 9일 집회에서 "제가 '두
글자'로 된 말을 차마 말할 수가 없어서 이렇게 말한다.
국민이 위임된 권력을 남용하는 그들에게 책임을 물을
때가 되었다"라고 하셨습니다.

제가 그 '두 글자'를 크게 말씀드리겠습니다.
바로 "탄핵"입니다.
탄핵은 헌법을 지키기 위해 헌법이 보장하는 장치입니다.

윤석열 대통령 탄핵을 가장 먼저 외쳤던 정당의 대표로
서 다시 한 번 말씀드립니다.
"윤석열 대통령을 탄핵해야 합니다."
"김건희 씨를 구속해야 합니다."
"검찰을 해체해야 합니다."

어떤 분들은 대통령 '하야'를 요구하고, 누구는 '퇴진'을

말하고, 또 '임기단축 개헌'을 말씀하시는 분도 있습니다.
그 어느 것도 윤석열·김건희 두 사람이 순순히 받아들일
리 없습니다. 그것을 모르는 사람은 아무도 없습니다.

또한 '탄핵'이나 '개헌'은 모두 국회 200석 동의가 필요합
니다. 그렇기 때문에 지금 제일 중요한 것은 국민의 정당
한 분노를 모으는 것입니다. 그 힘이 충분히 모여야 탄핵
도 개헌도 가능합니다.

조국혁신당은 대통령 탄핵을 위해 우선 노력하되, 개헌·
퇴진·하야 등의 모든 가능성에 문을 열어둘 것입니다.

모든 정당, 언론, 그리고 시민사회에 정중히 묻습니다.
윤석열·김건희 공동정권에게 개선 가능성이 있습니까?
윤석열·김건희 공동정권이 2년 반 더 지속되도록 놔둘
것입니까?
그렇지 않다면 어떤 방식이 조금이라도 빨리 퇴진시킬
수 있는 방식입니까?

아까 박근혜 대통령이 세 차례 대국민 메시지를 냈다고
했습니다. 2016년 11월 29일 담화문은 이랬습니다.
"대통령직 임기단축을 포함한 진퇴 문제를 국회 결정에
맡기겠습니다. 정치권이 논의해 국정의 혼란과 공백을
최소화하고, 안정되게 정권을 이양할 수 있는 방안을 만

조국의 함성

들어주시면 그 일정과 법 절차에 따라 대통령직에서 물러나겠습니다."

그런데 여기서 알 수 있듯이, 박근혜 대통령은 스스로 결단해야 할 임기단축을 국회에 넘겼습니다. 그래서 이 담화 발표 102일 뒤, 헌법재판소는 박근혜 대통령을 파면했습니다. 탄핵되었던 것입니다.

이제 우리에게도 그 시간이 다가오고 있습니다.
감사합니다.

"3개월도 너무 길다" 검찰해체·윤석열 탄핵 범국민대회 연설문 11월 16일 경복궁역

존경하는 국민 여러분, 사랑하는 당원 동지 여러분,
가을비 내리는 좋지 않은 날씨에 왜 우리는 이곳에 모여야 했습니까.

무도하고, 무능하고, 무책임한 윤석열 대통령 때문입니다.
그리고 윤석열 대통령 어깨에 올라타서 국정을 쥐락펴락하는 배우자 김건희 씨 때문입니다.

존경하는 당원 동지 여러분, 사랑하는 국민 여러분,
하나 여쭙겠습니다.

지난 2년 반 동안 지긋지긋하셨지요?
국민 여러분, 당원 동지 여러분,
윤석열·김건희 공동정권 성적은 몇 등입니까?

예, 맞습니다. 꼴등입니다.
더 이상 참아줄 수가 없습니다. 참을 만큼 참았습니다.
학생이었다면, 퇴학을 시켜야 합니다.

그럼에도 불구하고 공부도 하지 않고 수업에 들어오지도
않고 밖에서 고성방가만 하면서 수업을 방해하고 난리를
칩니다. 이런 학생을 어떻게 해야 되겠습니까?

주권자 국민은 나라를 잘 운영하라고 권력을 잠시 대통
령에게 위임했을 뿐입니다. 그런데 윤 대통령은 이 위임
받은 권력을 어디에 쓰고 있습니까?
오로지 자신의 범죄를 감추는 데 쓰고 있지 않습니까?
또한 김건희를 지키는 데 쓰고 있지 않습니까?

이제 국민 모두는 알게 되었습니다.

조국의 함성

"3개월도 너무 길다" 검찰해체·윤석열 탄핵 범국민대회 2024년 11월 16일

ⓒ조국혁신당

국민이 뽑은 적이 없는 대통령 배우자가 국정에 개입하고, 공천에 개입하고 있습니다.

근래 다들 보셨을 '명태균 게이트' 아시죠?

존경하는 국민 여러분, 사랑하는 당원 동지 여러분,
"지리산 도사"임을 자랑하는 명태균 씨가 어떤 사람인지 알려드리겠습니다.
명 씨는 김건희 씨와 수시로 "영적인 대화"를 나누는 사람입니다. 김건희 씨가 꾼 악몽에 대해서 해몽을 해주는 사람입니다. 김건희 씨로부터 돈 봉투를 받은 사람입니다.
윤석열 대통령이 전화를 받아주는 사람입니다.
윤 대통령이 섭섭해할까 봐 걱정하고, 고마워하는 사람입니다.

이것만이 아닙니다.
집권 여당의 공천에 개입했습니다.
창원 국가산업단지 국책사업에 처음부터 끝까지 관여했습니다. 대우조선해양 파업 현장을 시찰하고 사측의 브리핑을 듣고 윤 대통령에게 보고까지 했다는 사람입니다.
이 정도면 윤석열 검사가 수사했던 최순실 씨보다 더한 사람 아닙니까?

조국의 함성

윤석열이 수사하고, 윤석열이 기소했던 최순실 씨가 지금 감옥에서 얼마나 억울하겠습니까?

우리는 이 국정농단 사태를 '명태균 게이트'라고 부르면 안 됩니다. '윤석열·김건희·명태균의 공동 게이트'라고 불러야 합니다.

검찰에 묻습니다. 도대체 뭐 하는 겁니까?
지금까지 그렇게 내세우던 살아 있는 권력 수사는 다 어디 갔습니까?
살아 있는 수사 운운하던 검찰권은 김건희 앞에서는 꼬리를 내립니다.
윤석열 앞에서는 애완견처럼 꼬리를 흔듭니다.

이런 검찰 그대로 놔둬도 되겠습니까?
그렇기 때문에 우리 조국혁신당은 어느 당보다 앞장서서 수사와 기소를 분리하고, 중대범죄수사청을 신설하는 검찰개혁 법안을 제출했던 것입니다.

윤석열 대통령이 스스로 내려오겠습니까?
절대 내려오지 않을 것입니다.
검찰을 자기의 수족처럼 부리고 있기 때문에, 손바닥 안 공깃돌처럼 생각하기 때문에 아무 걱정이 없는 것입니다.

그래서 특검이 필요합니다.
제대로 된 검찰이었다면 벌써 윤석열, 김건희, 명태균 모두 수사했을 것입니다.

윤석열 대통령은 불소추 특권이 있어서 기소를 못 했다 할지라도 윤석열의 공범 김건희, 명태균 등은 모두 강제 수사를 했을 것입니다. 그러나 검찰은 하지 않고 있습니다.

이러하기 때문에 조국혁신당은 야당과 함께 김건희 특검법을 제출하고, 제출하고, 또 제출했던 것입니다.
윤석열 대통령은 또 거부권을 행사할 것입니다.
윤석열 대통령은 자신이 쥐고 있는 국가권력으로 자기 자신과 자기 배우자 김건희의 범죄행위를 숨기고 덮고 은폐하는 것 외에는 아무 생각이 없습니다.
자기와 자기 배우자의 범죄비리를 덮기 위한 수단으로 국가권력을 쓰고 있습니다.

존경하는 국민 여러분,
이제 참을 만큼 참았습니다. 볼 만큼 보았습니다.
많은 분들이 이제 윤석열 대통령의 퇴진, 하야, 파면을 이

조국의 함성

야기하고 있습니다.

어떤 분들은 탄핵에 대해 두려움을 갖고 있습니다.
그러나 '헌정 중단'보다 더 무서운 게 있습니다. 지금과
같은 각종 불법, 위헌, 국정농단을 통해서 우리나라가 망
하는 것입니다.
민주공화국을 망하게 하기 이전에
민주공화국을 지키기 위해서
우리나라 헌법을 망치기 이전에
헌법을 지키기 위해서
윤석열 대통령은 파면되어야 하는 것입니다.

존경하는 국민 여러분, 사랑하는 당원 동지 여러분,
절절히 호소합니다.
대한민국을 지키기 위함입니다.
헌법을 지키기 위함입니다.

우리는 2년 반 동안 볼 만큼 보았고 참을 만큼 참았습니다.
지난 기자회견을 통해서 어떠한 개선도 이루어지지 않을
것을 우리 모두는 보았습니다.

이제 헌법을 지키기 위해

민주공화국을 지키기 위해
헌법이 보장하는 최후 수단, 바로 탄핵입니다.

조국혁신당이 앞장설 것입니다.
나쁜 권력의 끝이 무엇인지, 헌법을 유린하고 민주공화
국을 파괴하는 독재의 끝이 무엇인지, 조국혁신당이 가
장 앞장서서 보여줄 것입니다.

그리하여 결단코, 결국엔, 반드시 이 무도한 정권의 책임
자, 윤석열 대통령을 '파면'시킬 것입니다.
그것이 민주주의를 살리는 길입니다.
민생을 살리는 길입니다.
헌법을 지키는 길입니다.

우리만의 열망이 아닙니다.
잠시 후 야5당과 시민사회단체가 함께하는 연합집회가
열립니다.
'혼자 가면 빨리 가고, 같이 가면 멀리 갑니다.'
지금까지 조국혁신당이 앞장서서 뛰어왔습니다. 이제 국
민과 함께, 다른 야당과 함께, 시민단체와 함께 갈 것입니
다. 오늘은 함께하는 첫날입니다.

조국의 함성

끝까지 함께해주십시오.

구호로 마무리하겠습니다.
"윤석열을 탄핵하라!"
"김건희를 구속하라!"
"정치검찰 해체하라!"

감사합니다.

김건희 특검 수용! 국정농단 규명! 윤석열을 거부한다! 시민행진대회 연설문 2024년 11월 16일 광화문

안녕하십니까. 조국혁신당 대표 조국입니다.

존경하는 국민 여러분, 각 정당의 당원 동지 여러분,
우리는 8년의 세월을 건너뛰어 다시 이 자리에 모였습니다.

왜 우리가 모였습니까?

존경하는 국민 여러분, 우리는 물어야 합니다.

김건희 특검 수용! 국정농단 규명! 윤석열을 거부한다! 시민행진대회 2024년 11월 16일

ⓒ오마이뉴스 유성호

주권자 국민은 나라를 잘 운영하라고 대통령에게 잠시 권력을 위임했습니다. 그런데 윤 대통령이 이 권력을 어디에 쓰고 있습니까?

윤석열 대통령은 오로지 자신의 범죄 혐의를 감추는 데 쓰고 있지 않습니까?
또한 자신의 배우자 김건희의 범죄 혐의를 감추기 위해서 권력을 쓰고 있지 않습니까?

이제 국민 모두는 알게 되었습니다.
국민이 뽑은 적이 없는 대통령 배우자가 국정에 개입하고, 총선에 개입하고 있습니다.
윤석열 대통령은 알고 보니 권력 서열 1위가 아니었습니다. 김건희 씨는 대통령 휴대폰을 멋대로 사용했습니다. 김건희 씨는 국정과 공천 개입 대가로 명태균 씨에게 돈을 줬답니다. 2년 반 동안 남편 어깨 위에 올라타고 권력을 휘둘렀습니다.

존경하는 국민 여러분,
윤석열·김건희 공동정권은 그리고 검찰독재정권은 대한민국을 망쳐놓았습니다.
정치는 엉망입니다.

외교는 허망합니다.

경제는 폭망입니다.

보수는 민망해합니다.

그런데 개선은 난망합니다.

그리하여 우리 국민은 절망하고 있습니다.

국민 여러분, 이미 우리들의 가슴에는 분노가 차올라 넘치고 있습니다.

헌정 중단 우려보다 이대로 가다가는 대한민국, 우리나라가 망할지 모른다는 우려가 더 커졌습니다.

교수들도, 학생들도, 노동자들도 한목소리로 나섰습니다.

모두 윤석열 퇴진을 요구하고 있습니다.

그 바로 앞에 오늘의 행사를 주최하신 '거부권을 거부하는 전국비상행동'이 있습니다.

"김건희 특검 수용, 국정농단 규명!"

이를 기치로 내걸었고, 오늘 우리를 이렇게 모았습니다.

깊이 감사드립니다.

8년 전 시민사회단체가 그랬던 것처럼 이제 '전국비상행동'이 중심이 되어 국민의 마음을 모아주십시오.

여러분께서 중심에 우뚝 서면, 저희 정당들도 따를 것입니다. 국민도 거리에 나설 용기가 생길 것입니다.

존경하는 국민 여러분, 각 정당의 당원 동지 여러분,

지난주 집회에서 이재명 대표께서 '차마 말하지 못하겠다'라고 말씀하신 두 글자가 있습니다. 저는 그 두 글자를 생각해보았습니다.

제 생각에 그 두 글자는

바로 "파면"입니다!

바로 "탄핵"입니다!

존경하는 국민 여러분, 우리의 정당한 분노의 힘을 모아 윤석열 대통령을 파면해야 합니다.

김건희 씨를 수사해야 합니다.

정치검찰을 해체해야 합니다.

조국혁신당은 창당 때부터 "3년은 너무 길다"라고 외쳤습니다. 가장 먼저 탄핵을 외쳤습니다.

이제 더욱 힘을 모아 열심히 싸우겠습니다.

이제 결단의 시간입니다.

추락하는 정권에는 날개가 없습니다.

제가 선창하면 따라 해주십시오.

"석 달도 너무 길다!"

감사합니다.

"탄핵이 답이다, 3개월도 너무 길다, 찬성, 찬성, 찬성…."

조국혁신당 탄핵소추안 초안 공개와 함께 '국민과 함께 쓰는 탄핵소추안' 온라인 사이트가 열렸습니다. 개설 하루 만에 만 건이 넘는 의견이 달렸습니다.

이번 사안을 바라보는 국민 심경은 바로 '비탄'입니다. 윤석열 정권의 망국적 행태를 개탄하고 있습니다. 어떻게 대한민국에 이런 망나니 정권이 들어설 수 있는지, 어떻게 한순간에 선진국이 후진국으로 뒷걸음치는지, 악몽을 꾸는 듯하다고 합니다.

그래서 탄핵해야 한다고 역설하고 있습니다. 국민의 심리적 탄핵은 온라인 탄핵으로 옮겨붙었습니다. 더 많은 의견과 응원, 기다리겠습니다.

1만의 의견이 10만, 100만으로 늘어나면 탄핵 에너지는 그만큼 축적될 것입니다.

광장의 탄핵 열기는 나날이 더해지고 있습니다.

매주 토요일 서울 광화문뿐만 아니라 부산, 광주와 보수적인 대구·경북 도심에서, 군 단위까지 곳곳에서 '탄핵' 촛불이 물결치고 있습니다.

그런데 윤석열 정권, 뻔뻔합니다.
국민의 울분을 모르는 척합니다. 시국선언문이 속속 발표되고 촛불행진이 이어졌으니, "청와대 뒷산에 올라 눈물 흘렸다"라는 이명박 전 대통령처럼 뭔가 반응이라도 해야 하는 것 아닙니까?

윤석열 정권은 감감무소식입니다.
'김건희 국정개입 게이트'는 못 본 척, '명태균 게이트'는 못 들은 척합니다.

알고 보니 김건희 씨는 정권 출범 전부터 국정 일인자였습니다.
한겨레가 확보한 대통령 취임식 참석자 명단에 김건희 씨는 700여 명을 초청했다고 합니다. 정작 윤석열 대통령 초청자는 600여 명이었습니다.

김건희 씨가 초청한 인물 가운데 상당수는 대통령실 비서관·행정관과 문화예술계 공공기관장에 임명되었습니다.

명태균 씨 등 공천개입·관저신축비리·주가조작 관련 인물도 있습니다. 국정농단 세력들의 축하파티였던 셈입니다.

특히 대통령실 영입 인사들은 윤 대통령에게 보고되는 주요 보고서를 김 여사 몫으로 하나 더 만들라고 요구했다고 합니다. 이게 비선이고 국정농단이 아니면 무엇이겠습니까?

명태균 씨가 경선이나 공천에 관여했다는 의혹을 받는 인사들, 합치면 내각을 구성할 수준입니다.

국민의힘 오세훈 서울시장, 서초갑 조은희 국회의원, 김진태 강원도지사, 박완수 경남도지사는 물론, 포항시장, 강서구청장 등 후보 공천에 명태균 씨 흔적이 드러나고 있습니다.

창원지검장 인사, 대통령실 행정요원 채용, 창원시 공무원 인사, 경남지역 공공기관장 선임, 복지부 장관 추천 등 인사개입 의혹에도 묵묵부답입니다.

'명태균·윤석열·김건희 공동기획' 없이 불가능한 일 아닙니까?

어제 윤석열 대통령은 '김건희 특검법안'에 거부권을 행사했습니다. '김건희 특검법'으로는 세 번째이고, 전체 거

조국의 함성

부권 행사는 스물다섯 번째입니다.

'김건희 특검법'은 다음 달 10일 국회 본회의에서 재표결합니다. 대통령이나 총리는 한입으로 특검 자체가 위헌이라고 합니다.

윤석열 대통령은 박근혜·최순실 게이트 특검 수사팀장이었습니다. 한동훈 대표는 그 밑에서 수사 검사, 공판담당 검사를 했습니다.

그랬던 윤 대통령, 한 대표가 이제 특검은 위헌이라고요?

2016년 윤석열·한동훈은, 2024년과 다른 사람입니까?

목적과 이익 달성을 위해서는 언제든지 말을 바꾸는 사람임이 재확인되었습니다.

한동훈 대표가 민주주의 원칙을 부정하지 않는다면, 또는 "오로지 진실만을 따라가는 공평한 검사"라고 선서했다면, '김건희 특검'을 거부할 이유가 없습니다.

국민의힘 의원들과 함께 특검법안에 찬성표를 던지십시오.

이렇게 말해봐야 부질없는 일일 것입니다.

나무 위에서 물고기를 얻으려는 것과 같습니다.

결국 탄핵이 답입니다.

윤석열 대통령 탄핵만이 우리 스스로를 지키는 길이고, 대한민국을 온전히 보존하는 유일한 방법입니다.

조국혁신당은 탄핵 열차의 연료를 더 채워 넣을 것입니다. 탄핵 시계를 빨리 돌려 이 정권의 시간을 줄일 것입니다.

2024년 겨울, 대한민국은 촛불로 온기를 더할 것입니다. 국민과 함께 든 촛불, 절대 꺼뜨리지 않을 것을 약속드립니다.

수사·기소 분리 법안을
반드시 통과시킵시다

— 최고위원회 모두발언 2024년 11월 18일

2024년 11월은 '명태균 게이트'가 삼켜버린 한 달이었다. 그런데 '지리산 도사' 명태균 외 김건희가 운명을 상담한 역술인이 또 나왔다. 대구지역에서 활동한 류동학 씨는 윤석열 검찰총장 이후 중요 시점마다 운명을 상담해주었다고 공개 인정했다. 한번 총괄하여 정리할 필요가 있다. 마침 윤석열이 검찰총장 시절 김건희를 통해 다름 아닌 나의 운명을 물어보았다는 JTBC 봉지욱 기자의 보도가 떠올라 최고위원회 발언에 추가했다. 윤석열·김건희 부부의 무속과 역술 중독의 예는 한두 건이 아니다. 대선 토론 당시 윤석열의 손바닥에 '왕' 자를 써준 사람은 정말 누구였을까? 윤석열은 '법치'와 '정의'의 상징처럼 행세했지만, 실상과는 거리가 멀었음은 이제 공지의 사실이 되었다.

한편 윤석열 탄핵이 최우선 과제이지만, '수사와 기소 분리'를 포함한 검찰개혁 4법을 잊으면 안 되었다. OECD 국가 중 가장 강력한 권한을 가진 한국 검찰의 문제점, 윤석열 정권하 검찰 수사의 편향성, 그 해결책으로 수사와 기소 분리 등에 대해서는 야권 정당의 공감대가 형성되어 있었다. 2021년 10월 31일 국민의힘 대선 후보 경선토론회에서 당시 윤석열 예비후보는 이재명 더불어민주당 후보를 가리키며 말했다. "딱 보면 견적이 나온다." 윤석열은 검찰총장 시절에도 바로 이러한 '관심법'으로 수사를 전개했다.

그런데 수사와 기소 분리를 실제 법안으로 만들어 제출한 정당은 조국혁신당이 유일하다. 더불어민주당은 각종 특검법에 집중하면서, 수사와 기소 분리를 포함한 근본적 검찰개혁은 뒤로 미루고 있었다.

"검찰독재 조기 종식"을 내걸고 창당한 만큼 이 점을 강조하지 않는다면 조국혁신당의 존재의미는 반감된다고 판단했다. 윤석열 탄핵 이후 정권교체가 되면, 수사와 기소 분리를 첫 번째로 착수해야 한다. 현재의 검찰권력을 그대로 두고 검찰총장 등 고위 검사 자리를 '좋은 검사' 또는 '정의로운 검사'로 채우면 된다는 생각은 금물이다. 그리고 현재 내란 수사에 나서고 있는 검찰이 2024년 11월 윤석열·김건희 부부와 명태균 씨와의 텔레그램 및 카카오톡 메시지를 복원하여 윤·김 부부가 명 씨로부터 최소 네 차례 비공표 여론조사 결과를 보고받았음을 확인해놓고도 윤·김 부부에 대한 어떠한 수사도 진행하지 않았다는 점 역시 잊어서는 안 된다.

검찰개혁 4법 통과 촉구와 무속통치 비판 최고위원회 모두발언문 2024년 11월 18일

안녕하십니까. 조국혁신당 대표 조국입니다.

이번 국회 회기에 조국혁신당이 제출한 검찰개혁 4법 통과를 촉구합니다.

한국 검찰은 수사권과 기소권 모두 갖고 있습니다. 선진국으로 불리는 나라 중 이렇게 검찰에 막강한 권력을 몰아주는 국가는 없습니다. 견제와 균형의 원리 때문입니다.

이러한 '절대반지'를 가진 검찰은 권한을 오남용해왔습니다.

야당 대표 부인은 식사비 10만 얼마 카드 결제하는 것을 말리지 않았다고 검찰이 기소해 벌금형을 받게 만들었습니다. 현직 대통령 부인은 300만 원짜리 명품백을 받았는데, 기소는커녕 검찰이 나서서 변호를 해줍니다. 또 주가조작으로 공범이 모두 처벌을 받았지만, 아예 불

기소처분을 내립니다.

"지리산 도사"와 협의하여 여당 공천에 개입한 방증이 속속 나오는데 수사는 꿈도 꾸지 않습니다.

대선 패배 정치인에 대해서는 발언 하나하나를 정밀 분석하여 먼지 털듯 수사하고 기소해 1심에서 징역형 선고를 받아냈습니다.
검찰총장 출신 대통령 후보는 부인의 도이치모터스 주가조작에 대해 "손실을 봐서 돈을 빼고 절연했다"라고 말했습니다.
장모에 대해서는 "장모가 사기를 당한 적이 있어도 누구한테 10원 한 장 피해준 적 없다"라고 했습니다.
그러나 수사는커녕 관심도 없습니다.

버스기사는 몇백 원만 횡령해도 기소합니다.
검사들은 특수활동비로 소고기를 몇백만 원어치 사 먹어도 보안 사항이라고 문제 삼지 않습니다.

자기편 잘못이면 어떤 비난 가능성도 모르는 체합니다.
검찰에 불리한 일을 하는 사람이면 어떻게든 엮어서 기소합니다.

야당, 특히 민주당에 묻습니다.

이러한 검찰을 그냥 놔두면 되겠습니까.

특검법은 대통령이 거부할 것을 감수하면서도 본회의에 올립니다. 그런데 수사와 기소 분리 법안은 왜 올리지 않는 것입니까?

수사·기소 분리는 민주진보 진영의 일관되고 주된 공약입니다. 이재명 대선 후보도 같은 내용의 검찰개혁을 천명했습니다.

민주당의 지난 총선 공약에 수사·기소 분리, 검사의 기소·불기소 재량권 남용에 대한 사법 통제 실질화 등 검찰개혁 추진이 들어 있습니다.

조국혁신당이 이미 제출한 검찰개혁 4법은 수사권을 '중대범죄수사청'으로 이관하고, 검찰청을 폐지하되 '공소청'을 설치하는 것이 골자입니다. 이렇게 되면 검사는 '기소와 공소 유지만' 전담합니다.

민주당과 모든 야당에 촉구합니다.

검찰에 과도하게 집중된 권한을 나누어 정상화해야 합니다. 대한민국 헌정사상 처음으로 수사·기소 분리 법안을 통과시킵시다. 그로써 우리는 새로운 헌정사를 쓰게 될 것입니다.

어제 한 뉴스를 접하고 쓴웃음이 났습니다.

윤석열·김건희 부부가 주요 고비마다 역술에 의존해왔다는 보도입니다. "지리산 도사"라고 불리는 명태균 씨만으로 부족했던 모양입니다.

역술인 류 모 씨는 윤석열 검찰총장 이후 정치적 고비가 있을 때마다 김건희 씨에게 대여섯 차례 상담해줬다고 합니다.

명품백 수수 문제가 불거진 뒤인 2023년 12월, 김건희 씨는 "저 감옥 가나요"라고 물었다고 합니다. 게다가 류 씨는 "김건희 씨가 조언을 구하는 명리학자나 무속인이 분야별로 7~8명 더 있다"라고 말했습니다.

이쯤 되면 김건희 씨는 '무속 중독' 아닙니까?

그리고 윤 대통령은 이런 김건희 씨의 지시를 받고 대통령 일을 하고 있는 것 아닙니까?

이뿐만이 아닙니다.

서대원 선생이라는 주역학자가 있습니다. 유명 출판사에서 책을 내신 분입니다. 서 선생도 윤 대통령을 서울중앙지검장 시절 만났답니다.

윤 대통령이 검찰총장이 된 뒤, 김건희 씨가 서 선생과 통화했습니다. 그런데 수화기 너머로 윤석열 당시 검찰총

최고위원회 회의 2024년 11월 18일

ⓒ조국혁신당

장이 "조국이 대통령 될 것인가 물어봐"라고 말했다고 합니다.

이 이야기를 듣고 너무 황당했습니다.

아니, 자기들 앞날 물어보는 것이야 자기들 마음이지만, 왜 저의 미래를 이 부부는 물어보았던 것입니까.

상당수 국민이 심심풀이로 또는 불안해서 사주나 타로점을 봅니다. 또 무속인을 찾기도 합니다.

그 선택을 비하하지 않을 것입니다.

그러나 대통령 부부는 다릅니다.

윤석열·김건희 부부는 사주나 무속, 풍수 등에 기대서 주요 결정을 하고, 대통령이 되기 전은 물론, 되고 나서도 계속 그랬다는 합리적 의심을 가지지 않을 수 없습니다. 대통령실 전격 이전, 영국 엘리자베스 여왕 장례식 때 불참과 지각, 캄보디아 순방 때 앙코르와트 방문 전격 취소 등 도저히 이해할 수 없는 일들이 여럿 있었습니다.

이제 왜 그런지 알게 되었습니다. 정말 참담합니다.

'무속통치'는 주권자 국민에 대한 모욕입니다.

하루라도 빨리 '무속통치'를 끝내야 합니다.

조국의 함성

마지막으로 김건희 씨에게 충고합니다.

감옥에 갈까 불안한 이유는 감옥에 갈 일을 많이 했음을 스스로 인식하고 있기 때문이겠지요. 그 불안은 역술인이나 무당을 찾는다고 해소되지 않습니다.

남편에게 지시해 김건희 특검법을 통과시키십시오.

본인의 죗값을 치러야 불안이 사라질 것입니다.

윤석열은 반드시 파면되어야 합니다

— 대통령 윤석열 탄핵소추안 초안 공개 기자회견 2024년 11월 20일

2024년 7월 25일 '3년은 너무 길다 특별위원회'(탄추위)를 발족시키고 위원장을 맡으면서 윤석열 탄핵의 선봉에 섰다. 이후 약 4개월을 활동한 후 11월 20일 윤석열 탄핵소추안 초안을 공개했다. 탄추위 산하 탄핵소추안준비위원회의 서상범 변호사가 중심이 되고, 탄추위 총괄간사 이광철 변호사, 이규원 대변인 등이 힘을 보탰다. 윤석열 탄핵을 '말'로만 하는 것이 아니라 실제 '행동'으로 할 것임을 분명히 하고자 함이었다.

12·3 비상계엄 선포 전이었지만 윤석열 탄핵에 대한 국민적 공감은 급속히 올라가고 있었고, 위헌·위법 행태의 꼬리가 여러 군데에서 포착되고 있었다. 언론보도 등을 통해 당시까지 확인된 윤석열의 위헌·위법 행위의 사실관계를 총정리했고, 헌법재판소의 결정논리에 따라 왜 탄핵 사유가 되는지 조목조목 밝혔다.

12·3 비상계엄 이후 이뤄진 윤석열 탄핵소추는 위헌·

위법한 비상계엄에 한정하여 이루어졌음은 주지의 사실이다. 그렇지만 2024년 11월 20일 발표한 조국혁신당의 '초안'이 12월 14일 가결된 탄핵소추안의 기초가 되었다. 그리고 윤석열 탄핵과 윤석열·김건희 부부의 처벌을 위한 자료로도 사용될 것이다.

대통령 윤석열 탄핵소추안 초안 공개 기자회견문 2024년 11월 20일 광화문 광장

안녕하십니까. '3년은 너무 길다 특별위원회' 위원장이자 당대표인 조국입니다.

"슬프도다. 저 개돼지만도 못한 소위 우리 정부의 대신이란 자들은 자기 일신의 영달과 이익이나 바라면서 위협에 겁먹어 머뭇대거나 벌벌 떨며 나라를 팔아먹는 도적이 되기를 감수했던 것이다. 아! 원통한지고. 아! 분한지고. 우리 2천만 동포여, 노예된 동포여! 살았는가, 죽었는가?"

이 피 끓는 격문은 〈시일야방성대곡(是日也放聲大哭)〉의 일부입니다. 1905년 바로 오늘, '황성신문' 장지연 주필이 쓴 글입니다.

120년을 뛰어넘어 대한민국 곳곳에서 시일야방성대곡이 울려 퍼지고 있습니다.

교수, 학생, 노동자, 작가들의 시국선언이 이어지고 있습니다. 국민 분노가 터져 나오고 있습니다.

정치는 국민의 뜻을 받아 펴는 것입니다.
정당은 국민의 마음을 담는 그릇입니다.
그래서 저희 조국혁신당이 오늘 이곳에 섰습니다.

오로지 구국과 애민의 일념으로 마련한 '대통령 윤석열 탄핵소추안' 초안을 국민 여러분께 공개했습니다.

탄핵은 헌법이 규정한 정당한 절차입니다.
국민의 이름으로 권력 남용을 막고, 책임을 묻는 민주적이고 법적인 절차입니다. 조국혁신당이 그 절차에 시동을 겁니다.

오늘 공개한 '대통령 윤석열 탄핵소추안' 초안은 2년 반 동안 쌓인 윤 대통령의 위헌·위법 행위에 대한 국민의 울분을 차곡차곡 담은 것입니다.

조국혁신당이 앞장서서 탄핵소추안 초안을 공개한 이유

가 있습니다.

무도하고 무책임하고 무능한 검찰독재정권, 김건희 씨가 이끌고, 무속인이 뒤에서 미는 윤석열 정권을 조기 종식할 '골든타임'을 놓쳐서는 안 되기 때문입니다.

조국혁신당은 7월 25일 '3년은 너무 길다 특별위원회'를 출범시켰습니다. 탄핵소추안준비위원회, 국정농단제보센터를 가동 중입니다. 국민을 대신해 '공적 응징'을 준비 중입니다.

윤석열·김건희 공동정권은 총선, 그리고 그 이후 국민적 분노와 경고에도 국정농단과 헌법파괴, 불법행위를 눈덩이처럼 불려왔습니다. 심대한 잘못을 지속적으로 벌이고 있습니다. 더 이상 그냥 놔둬서는 안 되는 지경에 이르렀습니다.

창당 전부터 "3년은 너무 길다"를 외쳐온 조국혁신당은 윤석열·김건희 정권이 개선될 가능성을 도무지 찾지 못했습니다.

이제 헌법을 지키기 위한 최후 수단으로 탄핵을 제대로 추진하기 위해 사실과 논리를 탄탄하게 쌓고 갖춰나갈

대통령 윤석열 탄핵소추안 초안 공개 기자회견 2024년 11월 20일 광화문광장
ⓒ오마이뉴스 권우성

것입니다.

대통령 탄핵소추에는 확립된 사실, 적어도 공소장 수준의 사실관계 확정이 필요합니다.
과거 박근혜 대통령 탄핵소추 당시에는 검찰이 수사를 해왔습니다.

그러나 현재 윤석열 검찰은 아무 일도 하지 않습니다.
대한민국 검찰은 윤석열·김건희 부부 앞에 가면 애완견이 되지만, 반대파 앞에서는 맹견, 탐지견으로 표변합니다.
숱하게 쏟아지고, 오늘도 터져 나오는 의혹과 사실을 깡그리 무시합니다. 오히려 윤석열·김건희 부부를 비호해 주는 '방탄 검찰단'으로 전락했습니다.

그렇기에 특별검사가 필요합니다.
그렇기에 국회 국정조사도 필요합니다.
현 정권의 잘못을 백일하에 드러내야 합니다.

조국혁신당은 탄핵소추안 초안 공개를 계기로, 모든 야당에 특검법 처리와 국회 국정조사 추진을 촉구합니다.

오늘 저희가 공개한 것은 탄핵소추안 '초안'입니다.

앞으로 국회, 언론, 국민의 의지와 노력을 통해 더 많은 증거와 이유로 채워질 것입니다.

국민의 간절한 여망과 절절한 진심은 그 어떤 법률 조항보다 준엄하게 탄핵소추의 사유로 작용할 것입니다.

조국혁신당은 "대통령 윤석열을 파면한다"라는 헌법재판소의 결정을 구하기 위해 국민과 함께 끝까지 가겠습니다.

3부

위헌·위법 비상계엄부터
탄핵까지

윤석열에게 헌법을, 대한민국을 맡길 수 없습니다

— 12·3 비상계엄 선포 관련 연설·기자회견·시국선언

2019년 '조국 사태' 당시 윤석열은 자신은 '검찰주의자'가 아니라 '헌법주의자'라고 했다. 당시 많은 정치권, 언론계, 지식인층 인사들은 그를 법치의 화신인 양 치켜세웠다. 그러나 12·3 친위쿠데타로 윤석열은 헌법파괴자, 법치파괴자임이 천하에 드러났다. 윤석열은 '법폭(法暴)'이었을 뿐이다. 그리고 윤석열이 신봉하던 헌법은 현행 1987년 헌법이 아니라 박정희 독재를 보장한 '유신헌법'이었다. 그가 입만 열면 내세우던 '자유민주주의'는 박정희식 '한국적 민주주의'였다.

2024년 12월 3일 윤석열의 위헌·위법 비상계엄 선포부터 12월 16일 나의 서울구치소 수감까지의 2주일은 폭풍과 같은 시간이었다. 12월 12일 대법원 선고가 예정되어 있던 상황이라 마음이 불안한 상태에서 12월 3일 비상계엄 선포 소식을 들었다. 퇴근 후 집에서 자료를 뒤적이고 있는데, 아들이 황급히 소리치며 TV를 보라고 했다. 윤석열이 비상계엄을 선포하

는 장면을 보면서도 믿기지 않았다. "미친 놈!"이란 말이 절로 튀어나왔다. 황현선 사무총장 등이 연락을 해서, 공용차로 움직이면 계엄군에게 포착될 수 있으니 다른 방식으로 움직이면 좋겠다고 말했다. 체포조가 집 밖에 대기하고 있을지도 모른다는 우려에 바깥을 살펴보았으나 아무도 없었다.

국회로 이동하면서 SNS에 조국혁신당 국회의원과 당 직자들은 즉각 국회로 와달라는 글을 올렸다. 국회 정문이 막혀 의원들이 담을 넘고 있다는 소식이 들려왔는데, 내가 도착했을 때는 우측 쪽문으로는 들어갈 수 있었다. 국회 현장에 있던 경찰 지휘부 안에서 혼선이 생긴 것으로 보였다. 국회 안으로 진입하자마자 주변의 기자들을 대상으로 기자회견을 했다. 사전 준비를 할 틈도 여력도 없었기에 화급한 어조로 불법적 계엄령을 해제하고 윤석열을 파면·처벌해야 한다고 강조했다.

본회의장에 들어가 앉아 있는데 헬기가 착륙했다는 소식, 계엄군이 창문을 깨고 본청으로 들어왔다는 소식이 들려왔다. 참석한 모든 의원들이 신속한 비상계엄 해제요구 결의안 표결을 요청했으나 행정적 처리 절차로 인해 지연되고 있었다. 입에 침이 마르고, 손바닥에 땀이 났다.

유튜브를 통해 본회의장 바깥에서 국회의원 보좌진들과 계엄군이 대치하는 장면, 무장 군인들이 본청을 휘젓고 다니는 장면 등을 볼 수 있었다. 1979년 직접 본 부산 시내 진주 계엄군의 모습, 1980년 TV를 통해 본 광주 시내 진주 계엄군의 모습이 떠올랐다. 체포되어 끌려갈 경우 어떻게 해야 하나 생각하며 마음을 다지고 심호흡을 했다. 사후에 알려졌지만 윤석열은 체포 우선 대상 목록에 내 이름을 넣어놓았다. 분노가 치밀지 않을 수 없었다.

다행히 계엄군이 본회의장을 침탈하기 전 해제요구 결의안이 가결되었다. 그러나 마음을 놓을 수 없었다. 제2의 전두환이 되려 한 윤석열이 또 어떤 미친 짓을 할지 모른다고 생각했다.

본회의장 좌석에서 대기하던 중 시민들이 국회 밖에 많이 모여 있다는 소식을 들었다. 12월 4일 새벽 2시가 지날 무렵 몇몇 의원, 당직자와 함께 국회 정문으로 나가 즉석연설을 했다. 윤석열 탄핵과 처벌을 역설했다.

밤을 꼬박 새운 뒤 12월 4일 낮 12시 국회 본청 계단에서 야5당 비상시국대회를 열었다. 참석한 의원 모두 상기되어 있었다. 이어 이광철 조국혁신당 탄추위 총괄간사가 밤새 준비한 윤석열 탄핵소추안을 발표하고, 다른 야당과 공유했다. 이후 조국혁신당 의원들은 당분간 집으로 들어가지 말고 국회 안에 머물면서 사태 추이를 지켜보기로 결정했다. 윤석열이 2차, 3차 계엄을 추진할 수도 있다고 판단했기 때문이다. 그리고 내란수괴 윤석열 탄핵에 모든 힘을 쏟아부었다.

12월 7일, 윤석열 탄핵소추가 국민의힘의 집단 불참으로 투표 불성립이 되어 무산되었다. 기가 막히고 분노가 치밀었다. 국민의힘 스스로 내란공범임을 드러냈다. 국민의 분노가 터져나왔다. 12월 14일에는 성사될 것으로 보였다.

그런 와중에 12월 12일 대법원 선고가 있었다. 매우 실망스러운 결과였다. 법리적으로 보아 '일부 파기'는 되지 않겠느냐는 전망을 많이 들었기에 낙담하지 않을 수 없었다. 그러나 무너질 수는 없었다. 정신을 곧추세웠다. 대표 궐위 이후 절차를 하나하나 밟았다. 최고위원, 국회의원, 당직자, 보좌진 등을 차례차례 만나 뒷일을 부탁했다.

그러면서 12월 14일을 맞았다. 탄핵소추 표결을 앞두고 열린 조국혁신당 주최 범국민대회에서 시민의 한 사람으로 연설을 했다. 사전 준비된 원고 없이 진행한 연설이었다. 연설 전에 연단 아래에 서 있는 최강욱 전 더불어민주당 의원을 발견하고 포옹했다.

대회 참석 전후 만난 시민들이 뜨겁게 격려해주셨다. 순간순간 목이 메었다. 집회 참석을 독려하기 위해 커피 333잔을 선결제했는데, 그 카페 유리문에 시민들의 응원문구가 적힌 포스트잇 수백 개가 가득 붙어 있었다. 다시 목이 메었다. 당사에 들러 당직자들과 작별인사를 나눈 후 귀가하여 탄핵소추 결과를 보았다. 안도의 한숨이 절로 나왔다. 그리고 12월 16일 서울구치소 입감을 위한 마음의 준비에 들어갔다.

조국의 함성

비상계엄 선포와 국회 진입 직후 긴급 기자회견문 2024년 12월 3일 국회
로텐더홀

조국혁신당 대표 조국입니다.

윤석열 대통령이 위헌적이고 위법적인 계엄령을 선포했습니다. 천인공노할 사실입니다.
지금 국회의원들 모두 본회의장으로 모이고 있습니다.
이번 계엄령 선포는 그 자체로 범죄입니다.
윤석열 대통령의 불법적이고 위헌적인 계엄령 선포에 동의하는 군인들도 역시 내란에 해당하는 범죄행위입니다.

현재 군인들이 국회를 향해 달려오고 있다는 소식이 전해지고 있습니다. 과거 여러분께서, 국민 여러분께서 영화에서 보셨던 '서울의 봄' 사태가 현재 지금 진행되고 있습니다.

국민 여러분, 놀라지 마시고 굳건한 마음으로 민주주의를 지켜주십시오.
그리고 전국의 군인 여러분, 불법적인 대통령의 계엄령 선포에 동의하시면 안 됩니다. 그 자체로 범죄입니다.

조국혁신당과 민주당, 그리고 모든 야당은 똘똘 뭉쳐서 윤석열 대통령의 불법적인 계엄령 선포를 막을 것입니다. 현재 계엄령 해제를 위한 151명의 국회의원이 모자란 상태입니다. 바깥에서 군 또는 경찰에 의해서 국회의원의 진입이 방해받고 있습니다. 저희들은 무사히 이 안에 들어왔지만, 들어오지 못하고 계신 국회의원들이 있습니다.

이 방송을 보고 계신 국회의원 여러분은 수단과 방법을 가리지 말고 담을 넘어서라도 들어와주십시오. 불법적인 계엄령 선포를 해제해야 합니다.

해제 후에 이 불법적인 계엄령을 선포한 윤석열 대통령은 그 자체로 파면 대상입니다. 그리고 수사 대상입니다. 조국혁신당은 국민과 함께 끝까지 싸울 것입니다.

비상계엄 해제요구 결의안 가결 직후 입장 발표문 2024년 12월 4일 국회 로텐더홀

국회는 윤석열 대통령의 불법적인 계엄령에 대해서 즉각 해지할 것을 결의했습니다.

만약에 윤석열 대통령이 오늘 국회의 결정을 따르지 않

조국의 함성

으면, 그 자체로 불법이 되고 범죄가 됩니다.

그리고 이 해제 결의에 반하여 군인들이 움직인다면, 그역시 범죄가 될 것입니다.

이는 우리나라 법과 판례의 확고한 입장이고, 즉각적인 해제를 하지 않는다면, 해제를 하지 않고 군을 동원하는 자, 군 동원을 지시하는 자, 그 불법적인 명령에 따라 군대를 움직인 자 모두는 군사반란에 해당됩니다. 이 점 분명히 말씀드립니다.

그리고 이 비상계엄 자체가 불법인데, 윤석열 대통령이 오늘의 국회 의결을 무시하고 또 군을 동원할 가능성이 있다고 생각합니다. 오늘의 결의에도 불구하고 자신의 결정을 철회하지 않고, 해제하지 않을 가능성이 있을 것입니다.

애초부터 이 자체, 비상계엄 자체가 불법입니다.

그런데 그런 무모한 행동을 한 사람이기 때문에, 국회의 결의에도 불구하고 해제를 하지 않고, 군 동원 상태를 유지할 수 있다는 말씀입니다.

그 자체가 범죄입니다. 어떤 범죄냐, 군사반란에 해당됩니다.

12·12 사태, 과거 전두환·노태우 군사 신군부가 했던 행위와 똑같이 해당되기 때문에, 반드시 책임을 물어야 합니다. 두 번째, 오늘 결정에 따라 윤석열 대통령이 해제한다고 하더라도 비상계엄을 내린 절차가 법률에 맞는지, 비상계엄의 요건에 맞는지, 둘 다 저희는 아니라고 보고 있습니다. 절차도 지키지 않았고, 비상계엄의 요건에도 맞지 않습니다.

따라서 윤석열 대통령은 명백히 불법행위를 한 것입니다. 해제 이전에 비상계엄 발령 자체가 불법입니다. 그리고 이 비상계엄 발령을 건의했다고 하는 국방부 장관 역시, 군사반란을 시도한 것에 해당됩니다.

윤석열 대통령과 김용현 국방부 장관, 최소한 그 두 사람은 이 비상계엄령을 선포한 그 자체만으로 수사받아야 되고, 처벌받아야 됩니다. 물론 국회에서 탄핵되어야 할 모든 요건을 갖추었습니다.

오늘 대한민국이 민주주의적 위기에 처해 있습니다.
지금 끝난 것이 전혀 아니라고 저는 생각하고 있습니다.
국회는 이 야밤에 모여서 불법적인 비상계엄에 대해 해제를 했지만, 윤석열 대통령과 그 관련 범죄자들이 어떤 조치를, 오늘 새벽부터 무슨 행동을 할지 모르기 때문입니다.

국민 여러분은 경각심을 가지고 지켜봐야 한다고 생각합
니다. 저와 조국혁신당은 어떤 일이 벌어지더라도 이 국
회를 지킬 것이고, 국민들과 함께 싸울 것입니다.

다시 말씀드립니다.

이번 비상계엄령 선포 그 자체가 요건과 절차를 어겼기
때문에 불법입니다. 그리고 오늘 본회의 의결을 어기고
해제를 하지 않는다면 그 역시 불법입니다.

두 가지 모두 불법이기 때문에 이 사태가 정리되고 난 뒤
에 윤석열 대통령과 최소 김용현 국방부 장관은 처벌받
아야 하고, 탄핵되어야 합니다.

그리고 이 사건이 결정되고 나면 즉각적으로 검찰, 사법
기관은 윤석열 대통령에 대한 즉각적인 체포를 하고, 수
사를 진행해야 합니다. 군사반란에 준하는 행위를 했기
때문에 대통령은 대통령의 자격이 없습니다.

지금은 국가비상사태입니다.

정치적 민주화가 된 이후로 대한민국의 민주주의를 무
너뜨리는 행위이고, 이것이 우리나라 민주주의는 물론이
고, 한국 경제와 사회 모두에 엄청난 충격을 줄 것이고,

우리 사회를 얼마나 퇴보시킬 것인지 짐작하기 힘든 사태입니다.

윤석열 그리고 김용현 최소 두 사람은 그리고 그에 동조하고 합류했던 사람은 모두 범죄행위를 저지른 것이고 반드시 처벌되고 반드시 탄핵되어야 합니다.

국회 앞 시민집회 현장 연설문 2024년 12월 4일 새벽 2시

이번 비상계엄 선언은 다른 말로 하면 군사반란 시도입니다.

요건에도 맞지 않음에도 불구하고, 군통수권자로서 불법적인 명령을 내려 장갑차를 군인을 바로 여기 국회의사당 앞으로 오게 만들었습니다.

국회 로텐더홀 앞으로 총으로 무장한 군인들이 바로 들이닥쳤습니다. 그 자체만으로 범죄입니다.

조금 전 국회에서 국민의힘 국회의원 17명을 포함하여 그 불법적 범죄행위를 무산시켰습니다마는 윤석열 대통령이 이번 국회의 결정을 받아들일지 안 받아들일지 알 수가 없습니다.

제정신이 박힌 대통령이라면 비상계엄을 발표했겠습니까.

제정신이 박히지 않은 자가 오늘 국회의 결정을 안 받아들일 수도 있다는 것입니다.

이런 사람에게 국정을 맡길 수 있습니까?

여러분, 영화 〈서울의 봄〉 보셨죠.

〈서울의 봄〉에서 일어났던 바로 그 군사쿠데타를 윤석열 대통령이 시도하다가 실패한 것입니다.

이제 국회도 국민도 결단을 내려야 합니다.

저희는 밤을 새울 것입니다.

해가 뜨면 더 이상 윤석열 대통령이 위헌·위법적 행위를 하지 못하도록 국회는 탄핵을 해야 합니다.

오늘 국민의힘 한동훈 대표도 직접 윤석열 대통령의 비상계엄이 잘못되었다고 이야기했습니다. 그리고 조금 전 법무부 감찰반도 비상계엄 선포가 불법이라고 선언하고 스스로 사퇴했습니다.

아까 말씀드렸듯이 국민의힘 국회의원 17명도 참석을 했습니다.

이런 대통령하에서 단 하루라도 더 살아야겠습니까?

우리의 국방을 책임진 자가 아무런 이유도 없이 어떠한 요건도 충족시키지 않은 상태에서 장갑차를 보냈습니다. 군인을 동원했습니다. 이 자체로 범죄행위입니다.

조국혁신당은 이미 15가지 사유가 포함되어 있는 윤석열 대통령 탄핵소추안 초안을 발표했습니다.
오늘 하나가 더 추가되었습니다.
그 탄핵 사유는 무엇이냐.
바로 내란·군사반란입니다.

존경하는 국민 여러분,
군사반란을 일으킨 자들의 최후가 무엇이었습니까?
사형, 무기였습니다.
전두환·노태우의 끝을 보셨죠. 바로 전두환·노태우가 시도해서 성공했던 그 불법행위를 윤석열이 시도를 했습니다.
시도를 했으나, 여기 계신 국민 여러분과 그리고 국회의원들의 하나같은 마음으로 윤석열의 군사반란 시도는 무산되었습니다.

그러나 군사반란 시도가 성공하지 못했다고 해서 우리가 놔둘 수 있습니까? 아닙니다.

이런 대통령에게 헌법을 맡길 수 있습니까?

이런 대통령에게 대한민국을 맡길 수 있습니까?

없습니다.

지금 국회에서 결정을 해서, 용산으로 계엄 해제 통지문을 보냈습니다.

계엄을 해제하려면 국무회의를 열어야 합니다.

만약에 윤석열 대통령이 국무회의를 열지 않는다면 어떻게 하시겠습니까?

국회에서 계엄을 해제하라고 결정했음에도 절차적 이유로 국무회의를 열지 않고 계엄 해제를 하지 않는다면, 또는 비상계엄을 또 시도한다면 어떻게 하시겠습니까?

모든 합법적·합헌적 방법을 동원해서 윤석열 정권 및 윤석열 대통령이 단 하루라도 대통령직을 수행하는 것을 막아야 합니다.

참을 만큼 참았고 견딜 만큼 견뎠습니다.

이제 "3년은 너무 길다"가 아닙니다.

오늘 윤석열 대통령의 위헌적 불법행위와 군사반란에 대한 지시를 단 하루도, 단 하루도 참을 수 없습니다.

12·3 비상계엄 해제요구 결의안 가결 직후 국회 앞 시민집회 2024년 12월 4일
ⓒ오마이뉴스 권우성

조국혁신당은 이미 발표한 탄핵소추안 초안을 수정해 오늘 불법적 비상계엄 선포를 주된 탄핵 사유로 하는 탄핵소추안을 지금 쓰고 있습니다.

해가 뜨면 민주당에게, 사회민주당·진보당·기본소득당 등 모든 야당에게 탄핵소추에 참여할 것을 호소할 것입니다.
탄핵소추로 즉각 직무를 금지시켜야 합니다.
너무너무 위험한 대통령입니다.
하루라도 참을 수 없습니다.

국민 여러분, 여기 계신 분 외에도 많은 다른 분들께, 가족에게, 지인에게 바로 여기 국회로 모이라고 요청해주십시오.
윤석열이 자리에서 내려오는 그때까지 저희는 저 안을 지킬 것입니다. 국민들은 국회 바깥에서 국회를, 헌법을, 대한민국을 지켜주십시오.

저는 오늘 이 안에 들어왔을 때 총을 든 중무장한 군인을 만났습니다. 여러분께서도 지금은 치워졌으나 장갑차를 보셨을 것입니다. 지금은 물러났습니다.
그런데 제정신이 아닌 대통령이, 불법적 비상계엄을 선

포한 그런 대통령이, 앞으로 또 무슨 짓을 할지 어찌 알겠습니까?

조국혁신당은 두려움 없이 나왔습니다.
앞으로도 더욱더 어떠한 두려움 없이 윤석열 대통령을 저 자리에서 끌어내리기 위해 혼신의 힘을 다할 것입니다.
국민들과 함께 끝까지 싸우겠습니다.

윤석열 대통령은 대한민국의 수치입니다.
우리 법치의 파괴자입니다.
즉각 탄핵 후 이번 비상계엄 선포에 대한 범죄, 그 범죄에 대한 책임을 물어야 합니다.
탄핵이 끝이 아닙니다.
탄핵 후 오늘의 그 불법행위에 대한 엄정한 형사책임을 묻고 기소하고 법정에 세워야 합니다.

다시 한 번 호소합니다.
대한민국은, 대한민국 헌법은 단지 저 정치인, 국회의원이 지키는 것이 아닙니다.
여기 계신 국민 여러분 그리고 이 방송을 보시는 국민 여러분이 헌법을, 대한민국을 지키셔야 합니다.

즉각, 해가 뜰 때까지 기다리지 마시고 이곳 국회 앞으로 모여주십시오.

대한민국이, 대한민국 헌법이 위기에 있습니다.

지금 이 순간 용산에서 윤석열 대통령이 무슨 생각을 하고 있는지, 또 무슨 음모를 꾸미고 있을지 생각해보십시오. 모골이 송연합니다.

즉각, 해가 뜨는 오늘 아침 우리가 즉각 행동해야 합니다.
우리가 즉각 행동하지 않는다면 용산에 있는 저 범죄자 무리들이 무슨 행동을 할지 모릅니다.
오늘 총을 든 군인들을 저기 국회 민의의 현장에 투입했습니다. 이런 자들입니다.
우리가 방심하면 저들이 무슨 일을 할지 모릅니다.
모두 경각심을 가지고 행동합시다.

야5당 비상시국대회 연설문 2024년 12월 4일 국회 본청 계단

조국혁신당 조국 대표입니다.

어젯밤 윤석열 대통령은 스스로 탄핵소추 요건을 완성했습니다. 형법 제87조 '내란', 군형법 제5조 '반란'의 죄를 저질렀습니다.

윤석열은 더 이상 대통령 자격이 없습니다.

윤석열은 우리나라 법상 가장 중대한 범죄를 저지른 범죄인 중 한 명일 뿐입니다.

지극히 평온하던 대한민국을 국가비상사태라고 거짓말을 한 사람입니다.

바로 술 취한 듯이 대한민국을 몰고 간 그런 사람입니다.

윤석열 선장은 빙벽을 향해 배를 몰 듯, 대한민국호를 국민을 향해 몰고 다가갔습니다. 그리고 국민들을 짓밟으려 했습니다.

6시간 만에 끝났지만, 온 국민은 가슴을 쓸어내렸습니다. 우리에게는 우리 모두의 자유를 질식시켰던 독재정권의 아픈 기억이 있기 때문입니다.

전 세계는 촉각을 곤두세우며 평화적 해결을 촉구했습니다. 윤석열 대통령이 대한민국의 위상을 깎아내렸습니다.

대통령이 대한민국을 가장 수치스럽게 만드는 그런 역할

야5당 윤석열 대통령 사퇴촉구·탄핵추진 비상시국대회 2024년 12월 4일 국회 본청 계단

ⓒ조국혁신당

을 한 것입니다.

스스로 최악의 코리안 리스크임을 확인시켰습니다.

윤석열은 내란과 군사반란은 물론, 계엄법 위반 등 위헌
과 위법 행위를 통해 친위쿠데타를 시도했습니다.
이를 국민과 국회가 막아냈습니다.

첫 번째 승리입니다. 그러나 첫 번째일 뿐입니다.
윤석열을 대통령 자리에서 끌어내리고 그가 범한 범죄에
합당하는 처벌을 받게 만들 때, 그때 진정한 승리가 오지
않겠습니까.
지금 대한민국에서 가장 위험한 사람이 누구입니까?
지금 대한민국을 가장 위태롭게 만드는 사람이 누구입
니까?

어제 겨우겨우 국민과 국회에서 친위쿠데타를 막아냈지
만 윤석열은 앞으로도 비상계엄은 물론 전쟁 시작의 버
튼을 누를 수 있는 사람입니다.
대통령 자리에 앉아서 무슨 일을 할지 도무지 가늠이 안
되는 사람 아닙니까!

이제 우리는 윤석열을 대통령 자리에 잠시라도 놔둘 수 없습니다. 탄핵소추로 윤석열의 대통령 직무를 즉각 정지시켜야 합니다. 대통령이라 할지라도 내란죄를 범했을 경우에는 법상 형사소추가 가능합니다.

그 죄를 즉각 물어야 합니다.
윤석열은 탄핵 대상일 뿐만 아니라 강제 수사의 대상입니다. 수사기관은 윤석열을 즉각 체포해서 수사해야 합니다.
윤석열을 즉각 체포하라!
윤석열은 물론, 윤석열의 불법행위에 가담한 자 모두가 대한민국의 수치 아닙니까?
윤석열과 그의 공범들 모두 민주주의의 적 아닙니까?

이들 모두 법의 심판대에 올려야 합니다.
과거 전두환과 노태우가 그랬듯이 이들 모두 법정에 세워야 합니다. 단 하루도 기다릴 수 없습니다. 여기 참여한 모든 정당이 모여 함께 추진할 것입니다.

마지막으로 국민의힘 의원들께 묻습니다.
이제 어떻게 할 것입니까?
존재 자체가 대한민국의 위험인 윤석열 대통령과 함께

침몰할 것입니까? 이제 국민의힘의 선택이 남았습니다. 국민의 편에 설 것이냐, 윤석열의 편에 설 것이냐 선택하십시오! 모든 국민이 지켜보고 있습니다.

조국혁신당은 윤석열과 그 공범들이 탄핵됨은 물론 형사소추되어 재판정에 설 때까지 끝까지 싸우겠습니다.

윤석열 탄핵·정치검찰 해체 범국민대회 연설문 2024년 12월 14일 국회 앞

존경하는 국민 여러분, 사랑하는 당원 동지 여러분,
조국혁신당 전 대표 조국 인사드립니다.

저는 이제 국회의원이 아닙니다.
저는 이제 조국혁신당의 당대표가 아닙니다.
저는 여기 계신 여러분과 똑같은 시민의 한 사람으로 이 자리에 섰습니다.

존경하는 국민 여러분, 사랑하는 당원 동지 여러분,
한강 작가는 노벨상 수상식 연회에서 이렇게 말했습니다.
"폭력의 반대편에 서는 사람들과 이 수상을 같이 축하하고 싶다."

저 역시 그러합니다.

여기 계신 모든 국민 여러분 그리고 조국혁신당 당원 동지 여러분은 그 어느 것도 아닌 '국가폭력의 반대편에 서기 위해서' 이 자리에 오신 것 아닙니까.

대한민국 현대사에서 국가폭력의 역사는 길었습니다.
멀리는 5·16, 12·12, 5·17 이런 숫자가 우리에게 의미하는 것이 무엇이었습니까?

국가권력의 억압에 의해서, 폭압에 의해서 우리 국민들은 피를 흘렸고, 죽었습니다. 1987년 정치적 민주화 이후, 그런 일이 끝난 줄로 알았습니다.

웬일입니까?
2024년 12월 3일, 대통령 자리에 있었던 윤석열이라는 자가 불법적 비상계엄을 선포하고 총을 든 계엄군과 장갑차를 바로 이곳에 보내지 않았습니까.
그 내란수괴와 일당들의 친위쿠데타가 성공했다면 여기 계신 국민들이 어떤 꼴을 당했겠습니까.
보도에 따르면, 저는 체포되었을 것이라고 합니다. 과천 수방사 지하에 있는 B1 벙커에 갇혔을 것이라고 합니다.

그 보도를 듣고 제가 젊은 시절, 20대 청년 시절 경찰 대공분실에 끌려갔던 트라우마가 떠올랐습니다. 캄캄한 방 안에서 불빛이 저의 얼굴만 비추고 건너편에 있던 사람들이 무엇을 할지 모르던 그 공포, 그 공포가 떠올랐습니다.

그렇지만 계엄령이 발포되었다는 그 소식을 듣자마자 국회의원으로서 헌법을 지켜야 한다는 의무감 때문에, 몰려들고 있는 국민과 함께해야 한다는 책무감 때문에 달려왔습니다.

만약에 그날 국민 여러분께서 달려 나와 장갑차와 맞서지 않았다면, 온라인을 통해서, TV를 통해서 보시는 국민 여러분이 성원을 보내지 않았더라면, 저는 이 자리에 없었을 것입니다.

B1 벙커에서 고문을 받고 있거나, 소리 소문 없이, 흔적도 없이 사라져버렸을지도 모릅니다.

다름 아니라 국회 안에서 싸웠던 국회의원보다도 헌법을 지키기 위해, 계엄을 해제하기 위해 싸워주셨던 당원 동지 여러분과 국민 여러분 덕분에 저는 이 자리에 있을 수 있었습니다.

대단히 감사합니다.

존경하는 국민 여러분, 사랑하는 당원 동지 여러분,
12월 3일 윤석열의 친위쿠데타를 접하고, 저는 2019년을
떠올렸습니다.

검찰총장 윤석열이 더 많은 권력을 얻기 위해 자신의 권
력을 오남용했을 때, 수많은 국민들이 서초동에 나와 촛
불을 밝히셨습니다. 거대한 서초동 십자가를 만들어주셨
습니다. 그 덕분에 저는 여기에 있을 수 있었습니다.

거대한 서초동 십자가가 만들어졌지만 윤석열 쿠데타를
막지 못했습니다. 거대한 서초동 십자가에도 불구하고
윤석열은 대통령이라는 자리를 차지했습니다.
윤석열이 대통령이 되고 난 뒤에 윤석열은 어떤 행동을
했습니까.
어떤 정책을 펼쳤습니까.
어떤 정치를 펼쳤습니까.
대한민국을 위하는 정치를 했습니까.
국민을 위하는 정치를 했습니까.
민생을 위하는 정치를 했습니까.
아니었습니다.

그는 오로지 자기 자신과 자신의 배우자를 보호하는 것, 자신과 권력의 이해를 같이한 자들의 이익을 도모하는 것, 그 외에는 관심이 없었습니다.

지난 4월 10일 총선을 통해서 우리 국민들이 그 윤석열 일당들에게 준엄한 심판을 내렸지만, 받아들이지 않았습니다. 반성하지 않았습니다.

오히려 불법적인 내란을 통해서 우리 국민들을 억압하고 탄압하고 자신의 권한을 늘릴 생각만 했습니다.
그러나 우리 국민들은 위대합니다.
위대한 우리 국민은
맨몸으로 계엄군과 맞섰습니다.
맨몸으로 장갑차와 맞섰습니다.
맨몸으로 윤석열과 맞섰습니다.

그리하여 우리가 오늘 이 자리에 와 있는 것입니다.

지난 1차 탄핵소추 실패했습니다.
그러나 오늘 우리는 성공할 것입니다.
국회의원이 잘나서가 아니라 바로 이 자리에 계신 당원 동지 여러분과 국민들의 분노와 의지, 투지로 윤석열을

윤석열 탄핵·정치검찰 해체 범국민대회 2024년 12월 14일 국회 앞

ⓒ오마이뉴스 이정민

오늘 반드시 탄핵시키고야 말 것입니다.

존경하는 국민 여러분, 사랑하는 당원 동지 여러분,
윤석열 탄핵은 끝이 아닙니다.
윤석열은 죗값을 받아야 합니다.
윤석열 탄핵은 비로소 시작입니다.

탄핵에 이어 윤석열과 그 일당이 범했던 내란범죄 등 각
종 중대한 범죄에 대해서도 반드시 처벌되어야 합니다.

그리하여 민주주의를 파괴한 자, 민생을 파괴한 자, 민주
공화국의 원리를 파괴한 자가 어떻게 되는지를 우리 모
든 국민들에게 샅샅이 밝혀야 합니다.

탄핵, 처벌, 그다음이 남아 있습니다.
우리는 윤석열을 탄핵하고, 윤석열을 구속처벌하고, 반
드시 정권교체를 해야 합니다.
제4기 민주정부를 만들어야 합니다.
정권교체를 하여 지난 정부가 하지 못했던 수많은 개혁
을 통해 민생과 복지를 강화하는 새로운 대한민국을 만
들어야 합니다. 그럴 때만 우리의 이 투쟁은 성공하는 것
입니다.

조국의 함성

탄핵은 시작에 불과합니다.

탄핵하고 처벌하고 정권교체하고 민생과 복지가 확실히 보장되는 대한민국을 만들어야 합니다.

존경하는 국민 여러분, 사랑하는 당원 동지 여러분,

불행히도 저는 그 투쟁의 대열에 함께하지 못할 것 같습니다. 저는 이제 물러갈 시간이 된 것 같습니다.

그렇지만, 저는 슬프지 않습니다.

그렇지만, 저는 염려하지 않습니다.

왜냐하면 저를 대신하여 조국혁신당의 당원 동지들이 그리고 수많은 국민들이 저를 대신하여 10배, 100배 싸워주시리라 믿기 때문입니다.

저는 잠시 쉬겠습니다.

저는 잠시 멈추겠습니다.

저는 잠시 물러가 있겠습니다.

하나 부탁드리고 물러가겠습니다.

하나 당부드리고 물러가겠습니다.

저를 대신하여 윤석열 탄핵에 앞장서 주시겠습니까.

저를 대신하여 윤석열과 그 일당들의 처벌이 끝을 보도록 싸워주시겠습니까.

저를 대신하여 정권교체를 이루고 제4기 민주정부가 수립되는 그날까지 지치지 않고 싸워주시겠습니까.

마지막으로 저를 대신하여 새로운 민주정부하에서 민생과 복지가 보장되는 그런 세상을 만들도록 끝까지 싸워주시겠습니까.

저는 믿습니다.
당원 동지, 국민 여러분을 믿습니다.

저희는 지난 1년 동안 조국혁신당이라는 깃발 아래 가장 먼저 검찰해체를 주장해왔고, 가장 먼저 탄핵을 외쳤습니다.

드디어 그 시간이 왔습니다.

오늘 실패한다고 포기해선 안 됩니다.
다음 주에 또 하고, 그다음 주에 또 해야 합니다.

저에게 약속해주십시오.
포기하지 않겠다고.

저에게 약속해주십시오.

지치지 않을 것이지요?

여러분을 믿고 물러가겠습니다.

감사합니다.

4부

가장 뜨거운
파란 불꽃이 되어

12·3 위헌·위법 비상계엄 선포와 그 후 윤석열의 행태로 분명히 확인되었다. 윤석열은 야당과 비판세력을 '반국가세력'으로 인식하고, 모든 국가기관이 부정하는 '부정선거 음모론'을 신봉하면서 친위쿠데타를 일으킨 내란 우두머리다. 윤석열은 국회와 선거관리위원회에 무장 군인을 투입시켜 헌법기관의 기능을 마비시킴은 물론, 나를 포함한 국회의원과 선관위 직원을 불법 체포·감금하라고 지시한 흉포한 범죄자다. 윤석열은 자신이 법 위에 존재한다고 생각하고, 법치를 반대자·비판자를 진압하기 위한 도구로 생각하는 법치파괴자다.

　　윤석열은 형사처벌과 탄핵을 모면하기 위해 온갖 억지주장, 거짓말, 궤변을 일삼는 겁쟁이다. 윤석열은 체포영장을 발부한 법원과 이 영장을 집행하려는 수사기관을 비난하면서, 수사기관과 영장발부 법원을 자신이 고르겠다고 말하는 희대의 피의자다. 정진석 대통령 비서실장은 윤석열에 대한 체포영장 재집행 직전, 수사기관이 윤석열을 "남미 마약갱단 다루 듯 몰아붙이고 있다"라고 비판했다. 그러나 '남미 마약갱단'처럼 나라를 운영하고 법치에 저항한 자가 바로 윤석열이다.

윤석열이 쓰고 있던 가면을 벗기고 반헌법·반법치의 진면목을 드러내는 데 일조했다는 점에 보람을 느낀다. 그러나 12월 12일 대법원 선고로 윤석열의 종말을 내 손으로 마무리할 수는 없었다.

12월 16일 서울구치소로 입소했다. 구치소 앞에서 하차하기 직전까지 몇몇 벗과 동지와 통화했다. 무슨 말이 필요했겠느냐마는.

구치소 앞에는 조국혁신당과 더불어민주당 의원, 그리고 많은 당원과 지지자들이 모여 있었다. 준비된 기자회견문을 읽고 악수를 나누었다. 양성우 시인의 시 〈꽃상여 타고〉의 한 구절 "가슴에 돋는 칼로 슬픔을 자르고"로 내 마음을 표현했다. 울음을 터뜨리는 분이 많았지만, 나는 꾹 참았다.

철문 안으로 들어선 후 뒤돌아서서 큰 인사를 하고 입소 절차를 밟았다. 대법원 판결에 대해 할 말은 많지만 여기서는 하지 않으려 한다. 변호인단의 상고이유 중 하나도 받아들여지지 않아 허탈했다는 점은 밝히고 싶다. 내 자신만이 감당할 수밖에 없다. 그리고 감당할 것이다.

자유를 잃은 12월 16일 첫날 밤, 12월 12일 페이스북에 올렸던 영국 록밴드 뮤즈(Muse)의 노래 〈Uprising〉의 후렴구를

조국의 함성

되뇌었다.

They will not force us

They will stop degrading us

They will not control us

We will be victorious

그들은 우리를 강제할 수 없어

그들은 우리를 경멸하길 멈출 거야

그들은 우리를 통제할 수 없어

우리는 승리할 거야

　옥에 갇힌 후에도 여러 번의 대국민 메시지를 내보냈고, 탄핵 정국 관련하여 언론에 기고했다. 몸은 갇혔으나 싸움을 멈출 수는 없다.

　사랑하고 존경하는 벗·동지와 소통이 어려운 점, 이 격변의 현장에 참여할 수 없다는 점, 이 두 가지는 아쉽다. 그러나 이 역시 감수해야 할 일이다. 치를 것 다 치르고, 당할 것 다 당하고, 다시 세상에 나갈 것이다. 그리고 다시 시작할 것이다.

이제 여러분이 조국입니다

— 서울구치소 앞 입장 발표 2024년 12월 16일

안녕하십니까. 대한민국 시민 조국입니다.

멀리까지 찾아와주셨습니다.

고개 숙여 감사인사 드립니다.

저는 법원 판결의 사실 판단과 법리 적용에 동의하지 못하지만, 대법원 선고를 겸허히 받아들이고 국법을 준수하는 국민으로서 의무를 다하기 위해 이곳에 왔습니다. 영어 생활 동안 저의 흠결과 한계를 깊이 성찰할 것입니다.

존경하는 국민 여러분, 사랑하는 당원 동지 여러분,

조국혁신당은 윤석열 탄핵을 위해 국민과 함께 싸웠습니다. 마침내 지난 12월 14일 탄핵소추안이 통과되었습니다. 내란수괴 윤석열과 그 공범들은 철저하게 수사받고 처벌되어야 합니다.

2024년 12월 16일 서울구치소 앞
ⓒ오마이뉴스 유성호

2024년 12월 16일 서울구치소 앞

ⓒ오마이뉴스 유성호

2019년 제가 법무부 장관 후보로 지명된 후 시작된 검찰 쿠데타는 윤석열 탄핵으로 끝났습니다.

개인적으로 참으로 긴 고통과 시련의 시간이었습니다.

그렇지만 그 혹독한 고초 속에 검찰개혁과 윤석열 탄핵의 대의가 공감대를 넓혀갔기에 스스로를 위로했습니다.

조국혁신당의 4월 총선 공약 중 윤석열 정권 조기 종식은 국민과 함께 이뤄냈습니다.

이제 남은 것은 검찰해체입니다.

조국혁신당은 이미 검찰개혁 4법을 국회에 제출한 바 있습니다. 국회에서 조속히 처리해주시길 간곡히 부탁드립니다.

전직 당대표로 조국혁신당에 당부드립니다.

정권교체에 전력투구해야 합니다.

내란공범 국민의힘이 정권을 유지하는 일은 하늘이 두 쪽 나도 막아야 합니다.

정권교체 후 제7공화국, '사회권 선진국'으로 나아가야 합니다. 조국혁신당이 이를 잘 이끌고 다듬어주길 부탁합니다.

날씨가 춥습니다. 그러나 봄은 올 것입니다.

저는 독서, 운동, 성찰을 통해 몸과 마음을 더 단단하게 만들겠습니다.

울지 마시고 환하게 배웅해주십시오.

잊지 않겠습니다.

참, 그리고 조국혁신당을 많이 지지하고 후원해주십시오.

제가 자유를 찾는 날 돌아갈 곳입니다.

제가 복귀할 즈음에는 더 탄탄한 조국혁신당이 되어 있으리라 믿습니다.

만해 한용운의 시구가 생각납니다.

"우리는 만날 때에 떠날 것을 염려하는 것과 같이, 떠날 때에 다시 만날 것을 믿습니다."

존경하는 국민 여러분, 사랑하는 당원 동지 여러분,

저는 이제 물러갑니다.

"가슴에 돋는 칼로 슬픔을 자릅니다."

여러분이 저의 빈자리를 채워주십시오.

이제 여러분이 조국입니다.

감사합니다.

국민은 또 승리할 것입니다

— 조국혁신당 의원과 당원께 보내는 글 2024년 12월 17일

사랑하고 존경하는 조국혁신당 의원 및 당원 여러분께.
서울구치소에 입감된 전(前) 대표 조국입니다.

어제 12월 16일 아침 추운 날씨에도 배웅해주셔서 깊이
감사드립니다. 한 분 한 분 인사하지 못하고 들어와 미안
했습니다. 열렬한 응원과 격려의 말씀을 해주신 분, 참았
던 눈물을 터뜨리신 분 모두의 얼굴을 마음속에 간직하
고 들어왔습니다.

바깥에 비해 모든 것이 낯설고 불편합니다. 그러나 담담
하게 받아들이고 적응하려 합니다. 담요 위 잠자리라 어
깨와 등이 배기고, 외풍이 들어와 이불을 머리 위로 덮어
쓰고 자야 했지만, 어제 첫날 밤 많이 잤습니다. 이곳에서
는 21:00 취침하고 06:00 기상이랍니다.

2월 13일 창당선언, 3월 3일 창당, 4월 10일 총선, 10월 16일 재보선, 그리고 윤석열 탄핵 투쟁 등등의 모든 순간을 되새겨보았습니다. 기적과 기적의 연속이었습니다. 갑자기 잡힌 12월 12일 대법원 판결의 충격 속에서도 12월 14일 '내란수괴' 윤석열에 대한 국회 탄핵소추 의결을 볼 수 있었던 것은 큰 기쁨이자 뜨거운 감동이었습니다. 여의도를 꽉 채운 '응원봉'의 물결, 평생 잊지 못할 것입니다.

다시 시작입니다.
헌법재판소 결정까지 2개월 정도 걸릴 것이고, 이어 60일 뒤 대선입니다.
'내란수괴'를 비롯한 쿠데타 일당은 수단과 방법을 가리지 않고 헌재 결정과 수사에 맞설 것입니다. '내란공범 정당'은 가만히 정권을 내놓으려 하지 않을 것입니다.

저는 이곳에서 할 수 있는 일이 많지 않습니다. 다들 저 대신 더 열심히 해주십시오. '조국의 부재'를 메워주십시오. 당원 배가 운동도 부탁드립니다.

조국혁신당은 검찰독재 조기 종식("3년은 너무 길다!"), 수사·기소 분리 포함 검찰개혁, 그리고 윤석열 탄핵을 주창·

선도해왔습니다. 이제 탄핵을 마무리하고, 정권교체와 사회개혁의 견인차가 되어야 합니다. 김선민 대표 권한대행의 지도하에 질서 있게, 더 뜨겁게 활동해주십시오.

이곳은 모든 소식이 늦습니다. 가족 외에는 전화 통화도 안 됩니다. 'e-그린 우편' 등을 통해 소식 전해주시면 감사하겠습니다.

의원 및 당원 여러분!
내란수괴 일당은 패배했고, 엄정한 처벌을 받을 것입니다. 내란공범 정당도 심판받을 것입니다. 국민은 또 승리할 것입니다. 혁신당은 계속 전진할 것입니다.

다들 건강, 건투, 건승하시길 빕니다. 저는 가장 낮은 곳에서 가장 낮은 마음으로 살고 있겠습니다.

2024년 12월 17일 조국 올림

윤석열 탄핵을 위한 불쏘시개

—국민께 보내는 글 2024년 12월 19일

존경하는 국민 여러분께 올립니다.

직권남용 등의 대법원 판결을 받고 서울구치소에 수용되어 있는 조국혁신당 전 대표 조국입니다.

12월 16일 입소 후 참 많은 분들이 위로와 격려의 편지를 보내주셨습니다. 큰 힘이 되었습니다. 일일이 답신드리지 못한다는 점 양해 구합니다.

3월 3일 조국혁신당 창당, 4월 10일 총선 참여와 범야권의 승리, 바로 이어진 윤석열 탄핵 투쟁 개시, 그리고 12월 3일 윤석열 일당의 내란·군사반란과 국민에 의한 격퇴, 12월 14일 국회의 윤석열 탄핵소추 의결 등등 올 한 해는 격동의 시간이었습니다.

위대한 국민의 결의와 행동 덕분에 거대한 변화가 일어

났고, 또 진행 중입니다. 다시 한 번 감사와 존경의 인사 올립니다.

그렇지만 아직 끝나지 않았습니다. "끝날 때까지는 끝난 게 아닙니다." 윤석열을 위시한 내란·군사반란 일당은 헌법재판소 결정을 지연시키고, 수사를 왜곡시키려 합니다. 온갖 법기술이 동원될 것입니다. 그러면서 이어질 대선에서 정권을 유지할 계획을 짜고 있습니다.

존경하는 국민 여러분, 저는 이곳에서 감당할 일을 겸허히 감당하겠습니다.

하태훈 고려대 명예교수님은 '조국 재판'은 사법부가 '공소권 남용'으로 기각했어야 했던 사건이라 평가하셨지만 (한겨레 2024. 12. 18.), 저는 제 자신의 흠결과 한계를 성찰하는 시간을 보낸 후 자유를 다시 찾는 날, 새로 시작하겠습니다. 조국혁신당을 만들고 이끌면서 이루지 못했던 과제를 실현하기 위해 다시 몸을 던질 것입니다.

12·3 비상계엄 사태를 계기로 국민은 윤석열의 생생한 민낯을 보았습니다. 우리는 극우 유튜버 수준을 갖고 국가권력을 전제군주처럼 사용하는 사람을 대통령으로 모시고 있었던 것입니다. 대선 토론장에 손바닥에 '왕' 자를

적고 나온 것은 단지 주술 의존의 증거만이 아니었습니다. '왕'이 되고 싶었던 것입니다.

윤석열의 이런 모습은 갑자기 나타난 것이 아닙니다. 검찰총장 시절에는 검찰권을 오남용했고, 대통령이 되자 대통령 권한을 오남용했습니다. 그는 자신의 권력을 유지·강화하기 위해서는 언제나 권력을 극단적으로 사용하는 괴물입니다.

"살아 있는 권력 수사", "공정과 상식", "헌법주의자" 등은 이 괴물이 쓰고 있던 가면이었습니다. 이 괴물을 찬양했던 정치인, 지식인, 언론인 등은 공개 반성해야 합니다.

국민 여러분은 2024년 한 해 동안 저의 부족함을 아시면서도 역할을 주셨습니다. 그 소임을 다하기 위해 주저하지 않고 불길 속으로 뛰어들었습니다.

검찰독재정권 조기 종식("3년은 너무 길다!"), 검찰해체(수사와 기소 분리), 윤석열 탄핵을 위한 불쏘시개가 되고자 했습니다. 많이 이루었지만, 이루지 못한 것도 많습니다.

남은 과제는 국민 여러분께서 이루어주십시오.

감사합니다!

2024년 12월 19일 조국 올림

조국의 함성

윤석열은 심판과 처벌의 대상일 뿐

—국민께 보내는 글 2024년 12월 27일

존경하는 국민 여러분과 사랑하는 당원 동지 여러분께 올립니다.

입소한 지 어느새 두 주가 흘러갑니다. 연말연시가 되었고, 보내주신 많은 편지에 개별적 답장을 드리지 못하고 있기에 이렇게 일괄하여 감사인사 드리고 제 소식을 전해드립니다.

기온이 떨어졌고 건물이 낡아 외풍이 있지만, 그럭저럭 견딜 만합니다.

소 측에서 제공하는 뜨거운 물을 플라스틱 통('바이오통'이라 부름)에 넣고, 담요로 감싸서 등에 대고 있답니다. 음식은 군대 음식 생각하시면 됩니다. 먹을 만하답니다. 간식용 음식을 구매할 수 있지만, 최대한 먹지 않고 있습니다.

바깥에 비해 운동량이 적어질 수밖에 없으니, 간식을 줄여야지요.

교도관분들도 친절하십니다. MZ세대 교도관들도 많습니다. 제가 20대 말 서울구치소에 5개월 정도 머문 적이 있습니다(국가보안법 제7조 위반, 징역 1년 집행유예 2년, 추후 사면 복권됨). 그 시절과 비교하면, 소명감과 인권의식이 확실히 많이 높아진 상태로 보입니다.

'교정개혁'은 한국 형사사법의 중요한 과제입니다. 온갖 문제를 일으키는 과밀 수용(현재 150퍼센트가량 될 듯) 해결, 다양한 사회복귀 프로그램 계발, 열악한 교도관 처우 개선, 검사가 독점하는 '형집행권'을 교정본부로 이관하는 것 등등 제가 2019년 법무부 장관으로 임명되면서—검찰개혁과 함께—해보고자 했던 과제였습니다. 손만 살짝 대고는(당시 시설이 가장 낡은 의정부교도소를 방문하고 교도관들과 허심탄회한 대화를 했는데, 그 기억이 새록새록 떠오릅니다), 35일 만에 물러났지요. 다음 정부의 대통령실과 법무부가 관심을 가져주길 희망합니다.

이곳에서 듣는 소식을 종합하면, 윤석열 일당이 복귀를 획책하고 있습니다.

12·3 위헌·위법 비상계엄은 국민의 저항으로 무산되었고, 내란수괴 윤석열 탄핵소추도 성사되었지만, 윤석열 일당은 순순히 물러갈 생각이 없습니다. 윤석열은 헌법재판에도, 수사에도 응하지 않는 초법적 태도를 유지하며 뻔뻔한 버티기 작전을 벌입니다. 국민의힘은 '윤석열 방탄 정당'이 되어 계엄 사과도 주저하고, 윤석열 탄핵심판을 지연·방해하는 술책을 부립니다. 극우세력은 유튜브와 장외집회에서 계엄의 정당성을 강변합니다. 이번 사태로 우리가 자랑했던 'K민주주의' 뒤에 숨어 있던 기괴한 반헌법적 퇴행세력이 총단결하고 있습니다.

다행히 12·3 내란·군사반란의 전모는 하나씩 밝혀지고 있습니다. 수괴 윤석열의 구체적 지시, 주요 임무를 수행한 전현직 사령관들의 범행들이 확인되고 있습니다. 그리고 위대한 국민은 긴장을 늦추지 않고 촛불 또는 응원봉을 들고 겨울 거리를 메우고 있습니다. 조·중·동 등 보수언론도 윤석열 일당의 범행과 현재의 책임회피식 태도를 질타하고 있습니다. 압도적 다수의 법조계·법학계 인사들은 비상계엄의 불법성과 윤석열 탄핵의 정당성을 역설하고 있습니다.

존경하는 국민 여러분, 사랑하는 당원 동지 여러분!

윤석열 탄핵과 윤석열 일당 처벌은 정파적 문제가 아닙니다.

진보·보수의 문제도 아닙니다. 윤석열의 범죄와 반헌법적 언동은 박근혜와 비교할 수 없을 정도로 무겁고 심각합니다. 대한민국의 헌정질서 자체를 무너뜨린 사건입니다. 내란수괴가 대통령직을 유지하고 있는 해괴한 현실은 조속히 해소되어야 합니다. 이 현실이 지속되는 만큼 국격은 떨어지고 민생과 경제는 바닥을 헤어나지 못할 것입니다.

헌법재판소와 공수처·검찰·경찰 국가수사본부의 단호하고 신속한 행보가 필요합니다. 속도감 있는 탄핵심판 진행과 즉각적인 체포·구속이 필요합니다.

"윤석열 신속 탄핵은 민주당·이재명에 좋은 일 해주는 것 아냐?"라는 말을 하는 사람들, 헌법과 민주 회복의 교란자입니다. 윤석열 제거 후 경쟁하고 국민의 판정을 받을 자신이 없는 비겁자입니다. 윤석열 일당의 조속한 제거는 어떤 정파적 이익보다 우위에 서는 과제입니다. 대한민국의 근간을 다시 세우는 일입니다.

기온이 떨어진다고 합니다.

모자, 장갑, 목도리를 챙기시고 촛불과 응원봉을 들어주십시오.

윤석열 일당은 대화나 타협의 상대가 아닙니다. 심판과 처벌의 대상일 뿐입니다.

모두의 건강과 건투를 빕니다. 우리는 승리할 것입니다.

2024년 12월 27일 조국 올림

'폭군' 윤석열 격퇴기
: 2019년 서초동에서 2024년 여의도까지

— 오마이뉴스 기고 2024년 12월 28일

2019년 8월 조국이 법무부 장관 후보로 지명된 후 시작된 윤석열·한동훈 주도 검찰쿠데타는 윤석열을 우두머리로 하는 검찰정권을 탄생시켰으나, 바로 그 검찰정권은 2024년 12월 3일 윤석열의 친위쿠데타로 막을 내렸다.

　2019년 윤석열·한동훈이 이끄는 검찰은 "살아 있는 권력 수사", "공정과 상식"이라는 휘황한 기치를 내걸고 조국과 그 가족에 대한 전대미문의 전방위적 수사를 벌였다. 검찰개혁을 막고 문재인 정부에 일격을 가하기 위함이었다. 언론과 지식인 일부도 '조국 죽이기'에 동참했다.

　윤석열은 정의로운 검사의 화신으로, 한동훈은 "조선제일검(劍)"이라는 낯간지러운 별칭으로 칭송되었다. 조국은 '내로남불'의 상징으로 전락한 후 콜로세움 공연용 제물로 던져졌다.

　서울 서초동 사거리에 거대한 촛불 십자가를 만들고

"우리가 조국이다"를 외치며 조국을 구조하려 했던 시민들은 좌절했다. 당시 민주당도 정의당도 그리고 주요 시민사회단체도 서초동 집회 불참을 결정했다(그럼에도 개별적으로 참석하고 현장 사진을 찍어 보내준 국회의원과 시민사회 활동가들에게 감사한 마음이다). '진보'를 자처하던 일부 지식인과 언론인은 서초동 집회에 참석한 시민들을 '조빠'라고 조롱했다.

검찰은 조국에 이어 문재인(정부)에 대한 수사를 맹렬히 전개했고, 윤석열·한동훈은 극우 진영의 '영웅'이 되었다. 상당수 민주진보 진영 인사도 이 수사가 정당하고 필요하다고 옹호하거나, 과도하다고 생각하면서도 침묵했다.

그리하여 윤석열은 대통령이 되었고, 한동훈은 법무부 장관이자 정권의 황태자가 되었다. 전직 검사들이 대거 정권의 요직을 차지했다. 권위주의 정권 시절 정권의 보조자였던 검찰이 드디어 정권의 주인이 된 것이다. 검찰정권 탄생 축하 연회장 입구까지 깔린 레드카펫의 붉은색은 조국과 그 가족의 핏자국이었다.

윤석열 정권의 무도하고 무책임한 국정운영은 끝이 없었다. 정치적으로는 극우친일의 길을 걸었고, 사회·경제적으로는 한물간 신자유주의 노선을 밀어붙이며 '가진 자' 중심의 정책을 펼쳤다. 선출되지 않은 권력, 김건희 국정개입은 가관이었다. 윤석열과 김건희 주변에는 극우 유튜버와 역술인, 주술사 등이 위세를 부리고 있었다. 그럼에도 일부 고고한 인사는 윤석열과 김건희를 '악마화'해서는 안 된다며 감쌌다.

윤석열 정권하에 조국은 일개 피고인에 불과했다. 맞고 또 맞았다. 사과하고 또 사과했다. 견디고 또 견뎠다. 그러면서 자문했다.

"이마에 새겨진 낙인과 온몸의 멍을 안고서 무엇을 할 것인가?"

2023년 초겨울 창당을 결심했다. 가까운 동지들도 말렸다. 그러나 조국은 2019년 서초동 촛불 십자가를 믿었다. 조국의 결심이 확고함을 알자 많은 동지들이 합류해 같이 몸을 던졌다. 백척간두진일보!

4·10 총선, 피를 토하는 심정으로 "3년은 너무 길다!"를 외치며 전국을 돌았다. 많은 국민이 뜨겁게 호응해주셨다. 690만 명의 국민이 표를 주셨다. 국민이 조국을 살렸다. 윤석열이 난도질해 관에 넣어 파묻은 조국을 관에서 꺼내주셨다. 그리고 역할을 주셨다.

그 뜻을 알기에 4·10 총선 이후 질주를 멈추지 않았다. 검찰해체(수사와 기소 분리) 법안을 성안해 제일 먼저 제출했고, 윤석열 탄핵을 선도적으로 주장하고 싸웠으며, 윤석열 정권 종식 이후 사회대개혁을 위한 비전과 정책을 제시했다('사회권 선진국'). 2024년은 신명을 다해 윤석열 정권과 싸운 한 해였다. 유시민 작가는 조국의 행동에서 로마시대 '검투사'를 본다고 말했다. 그렇다. 조국은 더 이상 학자도, 교수도, 선비도 아니

조국의 함성

었다.

　　온갖 권력남용을 일삼던 윤석열은 그것도 부족하여 2024년 12월 3일 위헌·위법한 비상계엄을 선포하고, 군대를 동원해 국회를 침탈했다. 부정선거 음모론에 빠져 선거관리위원회도 쳐들어갔다. 윤석열은 총을 쏴서라도 국회 본회의장에 들어가 국회의원들을 끌어내라고 지시했다. 광기에 휩싸인 폭군이었다. 윤석열의 친위쿠데타가 성공했다면, 대한민국은 다시 유신 또는 5공 체제로 돌아갔을 것이다.

　　윤석열을 필두로 한 내란·군사반란 일당은 용감한 국민의 힘으로 격퇴되었다. 비록 조국은 12월 16일 자유를 잃었지만, 윤석열은 12월 14일 국회에서 탄핵소추되었다. 윤석열은 탄핵과 형사처벌을 피하기 위해 온갖 꼼수와 술책을 부릴 것이다. 사과와 반성은커녕, 극우 지지층을 선동하고 국민을 분열시킬 것이다. 윤석열은 자신의 자리, 이익, 욕망을 지키기 위해서라면 무슨 일이든 할 자이다. "앉은뱅이 주술사" 김건희도 자신이 잘하는 짓을 하고 있을 것이다.

　　그러나 우여곡절이 있겠지만 윤석열 탄핵과 형사처벌은 시간문제다. 우리 형법상 내란죄는 법정형이 가장 높은 범죄다. 윤석열·김건희의 충견이었다가 급태세전환한 검찰의 발표에 따르더라도, 내란죄는 충분히 성립한다.

　　좀비는 자신이 죽은 줄 모르고 끊임없이 사람을 해친다. 윤석열은 이미 죽었으나 국민을 해칠 힘을 가진 좀비다. 대한민국의 안녕과 국민의 안전을 위해 조속히 '좀비 대통령'을 제거해야 한다.

'패셔니스타', '황태자' 한동훈은 어떻게 되었는가. 법무부 장관에 이어 집권당의 비대위원장과 당대표가 되어 각광을 받았다. 불리한 질문에는 핵심을 피하는 답변술로 '조선제일설(舌)'을 시전했다. 차기 권력을 노리던 한동훈은 '오야붕' 눈치와 심기를 살피는 데 바빴다. 흉폭한 '오야붕'이 비상계엄을 통해 자신마저 끝장내려 했음을 알고서야 저항했다.

그러나 '친윤계'는 한동훈 체제를 무너뜨렸다. 2019년 서초동 집회 참석 시민을 '조빠'라고 비웃었고, 이재명 민주당 대표에 대한 비난에 앞장서면서도 윤석열·김건희 부부에게 알랑거리고 아크로비스타에 초대받았다고 자랑했으며, 이후 윤·김 부부의 행태가 드러나자 한동훈 밑에 줄을 섰던 몇몇 '조국흑서' 필자들은 이제 어디에 줄을 댈지 궁금하다.

2019~2024년, 개인 차원에서도 나라 차원에서도 격랑의 시간이었다. 윤석열은 권력의 정점에 올랐으나 추한 몰골을 드러내며 몰락하고 있다. 한동훈은 '간 보기'를 하며 차기 권력을 노렸으나 퇴장당했다. 조국은 갇혔으나 죽지 않았다. 졌지만 무너지지 않았다.

격동의 시간 속에서 승패를 가른 큰 힘은 바로 주권자 국민에게서 나왔다. 2019년에는 서초동 촛불로, 2024년에는 여의도와 광화문을 빛낸 '촛불+응원봉'으로 주권자의 의사는 표출되었다. 특히 2024년 12월 여의도에서 "윤석열 탄핵" 구호와 함께 울려퍼진 K팝은 K민주주의의 밝은 미래를 보여주었다. 〈임을 위한 행진곡〉은 〈다시 만난 세계〉로 이어지고 있다.

조국, 국민의 눈높이에 잘못한 점이 있었다. 모자란 점이 많았다. 갇혀 있는 동안 성찰하고 또 성찰할 것이다. 자유를 되찾는 날, 성찰의 결과를 국민께 보고드리고, 새로운 실천으로 평가받을 것이다.

2024년 12월 28일 서울구치소 독방에서 조국 씀

추신: 1979년 12·12 쿠데타가 〈서울의 봄〉으로 영화화된 것처럼 2019~2024년 사태도 후일 영화화될 것이다. 윤석열, 김건희, 한동훈, 김용현 등등은 누가 배역을 맡아 어떻게 그려질 것인지 궁금하다. 무속인, 역술인, 그리고 무속인을 겸한 퇴역 정보사령관까지 등장해야 하니 〈서울의 봄〉보다 훨씬 극적일 것 같다.

정권교체 성공의 마침표를 찍을 때까지

―시민언론 민들레 기고 2025년 1월 8일

12·3 위헌·위법 비상계엄 선포 이후 골수 '찐윤' 정치인, 극우 유튜버, 전광훈 목사 등 극우 개신교류의 집단 외에는 윤석열을 옹호하는 이는 없다. 조·중·동 같은 보수언론도 연일 윤석열을 비판하고 있다. 그런데 현재 내란수괴 윤석열을 맹비난하는 많은 사람들이 과거 검찰총장 윤석열을 지지·찬양했다는 점은 잊히고 있다. 이들은 윤석열 검찰총장을 '정의의 화신', '법치의 수호자'인 양 치켜세웠고, 그와 반대편에 선 사람, 그의 수사 대상이 된 사람을 비난하고 폄훼하지 않았던가. 이 시점에 우리는 물어야 한다.

　"'검찰총장 윤석열'은 정의와 법치의 현신(顯身)이었지만, '대통령·내란수괴 윤석열'은 불의와 인치(人治)의 화신인가? '검찰총장 윤석열'과 '대통령·내란수괴 윤석열' 사이에는 단절이 있는가? 양자는 다른 사람인가?"

　"마흔 넘으면 사람 안 바뀐다"라는 속언을 상기시키고

자 함이 아니다. 한동수 전 대검 감찰부장은 이렇게 증언했다. 총선 직전인 2020년 3월 19일 윤석열 검찰총장이 대검 간부들과의 식사 자리에서 "육사 갔으면 쿠데타 했을 것이다. 5·16 쿠데타 핵심 김종필은 중령이었고, 검찰로는 부장검사다. 나는 부장검사로 돌아갔으면 좋겠다"라고 말했다는 것이다. 검찰총장으로 임명된 후 '조국 사태'를 주도했고 이에 문재인 정부에 대한 총공세에 나섰던 그가 왜 이런 말을 했을까. 당시 그는 '제왕적 검찰총장'이라고 불리며 강력한 권한을 행사하고 있었는데 말이다.

2020년 3월 19일 발언에서 몇 가지를 추론할 수 있다. 첫째, 윤석열은 쿠데타에 대하여 거부감을 갖기는커녕 오히려 정당성과 필요성을 인정하고 있었다. 둘째, 검찰총장이라는 지위에 있었지만 대통령, 법무부 장관 등에 의한 견제가 싫었고 이를 뒤엎고 싶었다. 셋째, 이 발언이 총선 직전에 이루어졌던 바 민주당이 다수를 차지하는 국회의 예상되는 견제 역시 싫었다. 요컨대 '검찰총장 윤석열' 안에 '내란수괴 윤석열'이 이미 내재하고 있었던 것이다.

당시 검찰총장 윤석열의 언동과 수사를 정면으로 비판한 사람은 소수였다. 2019년 '조국 사태' 발발로 민주진보 진영이 혼돈에 빠졌을 때, 유시민, 김민웅 등 소수의 지식인만이 윤석열의 본질을 꿰뚫고 윤석열과 맞섰다(두 사람은 이후 각각의 이유로 기소되어 유죄판결을 받았다). 기성 언론이 윤석열의 편에 섰을 때, 시민언론 민들레, 〈김어준의 뉴스공장〉 정도의 비주류 언론만 윤석열을 비판했다.

　　윤석열 검찰총장이 벌인 일 중에서 '조국 사태'는 내가 당사자이므로 빼자. 추후 항변의 기회가 올 것이다. 그가 정치 참여의 핵심 근거로 내세웠던 원전 조기 폐쇄의 경우, 검찰에 의해 치도곤을 당하고 기소된 공무원들은 모두 무죄판결을 받았다. 문재인 정부 청와대와 법무부가 합작한 인권침해 사건으로 몰고 간 '김학의 출국금지 사건'도 마찬가지다. 차규근(현 조국혁신당 국회의원), 이광철(현 조국혁신당 탄추위 총괄간사), 이규원(현 조국혁신당 전략위원장) 세 사람은 2심에서 완벽한 무죄판결을 받았다. 문재인 정부 청와대의 핵심 인사였던 장하성·김상조 전 정책실장을 표적으로 삼고 전개된 '사모펀드 디스커버리 자산운용 사건'도 모두 무죄가 나왔다. 이 사건의 피해는 '디스커버리'의 사기가 아니라 미국 자산운용사 대표의 회계 부정 탓이었음에도 검찰은 '디스커버리'의 대표 장하원 씨가 장하성 전 정책실장의 동생이라는 점에 집중하여 대대적인 표적 수사를 벌였다.

　　또한 검찰은 당시 추미애 법무부 장관이 군 복무 중이던 아들의 휴가에 관여한 것처럼 흘리고 요란을 떨었으나 아무도 기소하지 못했다. 법무부 감찰담당관으로 윤석열 검찰총장에 대한 감찰을 수행한 박은정 검사(현 조국혁신당 국회의원)는 검찰 안에서 '왕따'를 당하며 온갖 수모를 겪었다. 이상의 사건에 대한 수사가 전개될 당시 언론계, 시민사회에서는 이들을 의심하고 윤석열 검찰을 신뢰하고 있었다.

이외에도 윤석열 검찰총장이 밀어붙인 사건 중 상당수는 적어도 중요 부분 무죄가 나올 것이다(나의 경우 윤석열의 '조국 불가론'의 핵심이자 모든 언론이 '권력형 비리'의 증거로 몰고 갔던 '사모펀드' 건은 기소되지도 않았다). 윤석열 정권 출범 후 검찰이 벌인 이재명 대표 수사는 2019년 '조국 사태'를 연상시킬 정도로 광범위하고 전방위적이고 집요했다. 위증교사 사건은 1심에서 무죄가 나왔고, '대장동 사건', '백현동 사건' 등은 1심 판결이 나오는 데 오랜 시간이 걸릴 것이나 무죄가 나올 것이다.

2020년 3월 19일 윤석열 검찰총장의 쿠데타 발언과 그전후 검찰 수사를 종합하면, 윤석열은 총칼 대신 검찰권을 사용해 정치권력을 잡으려 했다고 판단한다. 실제 그는 추미애 장관과의 대립을 극도로 만들어낸 후 정치참여를 선언하고 수구기득권 진영의 '영웅'이 되어 대통령까지 되었다.

'대통령 윤석열'의 행태가 목불인견이었음은 다시 말할 필요가 없을 것이다. '검찰총장 윤석열'이 선출된 대통령의 통제를 참지 못하고 쿠데타 발언을 했다면, '대통령 윤석열'은 국민의 다른 대표기관인 국회의 견제를 없애버리려고 쿠데타를 실행했다. '유신헌법'에 있다가 삭제된 대통령의 국회해산권을 계엄을 통해 실현하려 했던 것이다. 1980년 5·17 비상계엄으로 권력을 탈취한 전두환이 만든 '국가보위입법회의'를 만들고 싶었던 것이다.

그리하여 대통령이 내란수괴가 되는 기괴한 현실이 2024년 대한민국에 펼쳐졌다. '검찰총장 윤석열'과 '대통령·내란수괴 윤석열'은 단절되지 않았다. 자신의 권력과 이익을 지키고 반대자를 억압하기 위해서는 수단과 방법을 가리지 않는다는 점, 헌법과 법치는 허울 좋은 수식어로만 사용할 뿐이라는 점, 자신을 법 위의 존재로 인식하고 법을 자기 좋을 대로 해석·집행한다는 점 등은 일관되게 유지되고 있다. 윤석열·김건희 부부의 무속 중독 역시 검찰총장 시절에도 파다했던 이야기다.

한편 '검찰총장 윤석열'과 '대통령 윤석열'을 지지·응원했던 세력도 동일하다. 극우 개신교 세력, 군복과 선글라스를 쓰고 태극기와 성조기를 흔드는 '아스팔트 보수' 세력은 눈에 보이는 지지집단이다. 그 뒤에는 전현직 고위 공무원, 군 장성, 교수, 언론인 등의 거대한 수구기득권 세력이 있다. 이들은 김대중을 '빨갱이' 취급했고, 노무현을 '고졸'로 폄훼했으며, 문재인을 '주사파'로 몰았다. 현재 대선 후보 지지율 1위인 이재명은 그들에게 '범죄인'일 뿐이다. 이들 중 상당수는 '내란수괴 윤석열'조차 옹호하고 있다.

윤석열 탄핵과 형사처벌은 다가오고 있다. 그렇지만 방심하거나 낙관만 해서는 안 된다. 윤석열을 비호하는 수구기득권 세력은 여전하기 때문이다. '검찰총장 윤석열'은 지지했

조국의 함성

지만 현재의 '내란수괴 윤석열'은 비판하는 세력은, 윤석열 탄핵과 형사처벌은 불가피하다고 보면서도 자신들의 이익을 유지·보전하기 위해 새로운 모색을 하고 새로운 '영웅'을 찾을 것이다. 그리고 똘똘 뭉칠 것이다.

윤석열 탄핵과 형사처벌 뒤, 이어지는 대선에서 정권교체에 성공해야만 비로소 헌정과 법치 회복이 가능하다. 마침표를 찍는 그 순간까지 긴장을 늦추지 않고 싸워야 할 시기다.

'대한민국의 봄'을 되찾기 위하여

— 국민께 보내는 글 2025년 1월 15일

내란수괴 윤석열이 드디어 체포되었습니다.

권력을 잡고자 할 때 그리고 반대자·비판자를 억압할 때만 '법치'를 들먹였고, 자신은 초법적 존재인 양 행세했던 '법폭(法暴)'의 몰락입니다. 위헌·위법한 비상계엄을 반성하기는커녕 국민 앞에 뻔뻔한 거짓말을 일삼았고, 처벌이 두려워 경호처 직원 뒤에 숨은 비겁자의 말로입니다. 윤석열 체포는 엄동설한 속에 은박담요를 두르고 민주헌정 회복을 위해 싸운 국민의 승리입니다. 위대하고 용감한 국민은 비상계엄을 해제시켰고, 내란수괴를 체포했습니다.

그렇지만 싸움은 끝나지 않았습니다. 다른 내란공범과 똑같이 윤석열은 구속·기소되어야 하고 엄벌에 처해져야 합니다. 헌법재판소는 신속히 탄핵심판을 진행하여

조국의 함성

내란 수괴 윤석열이 드디어 체포되었습니다.

　권력을 장기라 할때 그리고 반대자·비판자를 억압할 때 이한 '법치'를 들먹였고, 자신의 초법적 폭거 이상 행위이했던 '법폭'(法暴)의 불의입니다. 우현·위법한 비상계엄을 반건하가는 과정 국민 앞에 뻔뻔한 거짓말을 일삼았고, 권분이 두려워 경찰저 직원 뒤에 숨은 비겁자의 발로입니다. 윤석열 체포는 잘못신한 측이 온갖법으로 두르고 민주헌정 회복을 위해 싸운 국민의 승리입니다. 위대하고 용감한 국민은 비상계엄을 해제시켰고, 내란수괴를 체포했습니다.

　그러나 싸움은 끝나지 않합니다. 다른 내란공범자 무리와, 윤석열은 구속기소되어야 하고 신속히 국가재판이어야 합니다. 헌법재판소는 신속히 탄핵심판을 진행하여 헌법질서를 돌여야 합니다. 내란 공모 및 동조세력을 법적·정치적으로 심판하고, 민주헌정을 지켜낼 새로운 정부를 수립해야 싸움이 마무리됩니다.

　겨울은 봄을 이기지 못합니다. 대한민국을 '동토의 왕국'으로 만들고자 했던 세력을 물리치고, '대한민국의 봄'을 되찾기 위하여 단결하고 싸워나갑시다.

　　　　　　　　　　　　　　　　조국 올림.

헌정 공백을 줄여야 합니다. 내란 주도 및 옹호 세력을 법적·정치적으로 심판하고, 민주헌정을 지켜낼 새로운 정부를 수립해야 싸움이 마무리됩니다.

겨울은 봄을 이기지 못합니다. 대한민국을 '동토의 왕국'으로 만들고자 했던 세력을 물리치고, '대한민국의 봄'을 되찾기 위하여 단결하고 싸워나갑시다.

2025년 1월 15일 조국 올림

윤석열 이후 잊지 말아야 할 것

— 국민께 보내는 글 2025년 1월 17일

존경하는 국민 여러분, 사랑하는 당원 동지 여러분.

헌법과 법치의 파괴자 '법폭(法暴)' 윤석열, 자신이 주도한 내란의 책임을 부하에게 돌리고 체포를 피하려고 관저에 숨었던 비겁자 윤석열이 이곳 서울구치소에 입감되었습니다.

동선이 특별 관리될 것이라 실현되기 쉽지 않겠지만, 마주치게 된다면 눈을 똑바로 보고 일갈하고 싶습니다.

"내란 우두머리 윤석열, 국민 앞에 무릎을 꿇어라!"

겁쟁이 쫄보 윤석열이 아무리 발버둥 쳐도, 어떤 궤변과 거짓말을 늘어놓아도 통하지 않을 것입니다. 명백한 증거가 쌓여 있고, 용감한 국민이 눈을 부릅뜨고 있기 때문입니다. 다만, 몇 가지 당부드리고 싶은 것이 있어 펜을 들었습니다.

첫째, 정권의 공동운영자 "앉은뱅이 주술사" 김건희를 잊으면 안 됩니다. 김건희는 검찰독재정권의 창출과 운영에 있어 핵심적 역할을 했습니다. 선출된 권력이 아님에도 국정에 개입하고 공천에 관여했습니다. 관련된 수많은 의혹은 수사가 제대로 이루어지지도 않았고 모두 면죄를 받았습니다. '김건희 특검법'은 번번이 무산되었습니다.

국민 여러분, 당원동지 여러분.
"김건희를 잊지 맙시다. 다음은 김건희 차례여야 합니다."

둘째, 윤석열 정권은 '검찰독재정권'이었습니다. 정권의 핵심 자리에는 검찰 출신이 들어갔습니다. 현재 여당 국민의힘 비대위원장 권영세도, 원내대표 권성동도 검찰 출신이지요. 윤석열 정권하 검찰은 윤석열·김건희의 범죄·비리 혐의는 덮고, 문재인, 이재명 등 야당 인사 죽이기에는 총력을 다했습니다. 12·3 비상계엄이라는 범죄가 너무도 중대하고 명명백백하여 검찰은 잽싸게 태세전환을 했습니다.

그러나 국민 여러분, 당원 동지 여러분.
"검찰을 잊어서는 안 됩니다. 수사와 기소의 분리를 포함한 검찰개혁 반드시 이뤄냅시다."

조국의 함성

셋째, 국민의힘, 조·중·동, 극우 유튜버 등이 유포하고 있는 '양비론'에 속지 맙시다. 이들은 '야당이 국정의 발목을 잡아서 윤석열이 계엄을 할 수밖에 없었다'류의 요설을 뱉어내고 있습니다. 윤석열의 범죄에 물타기를 하고, 사안의 본질을 호도하고 있습니다. 속아서는 안 됩니다. 조국혁신당, 민주당 등 야당은 헌법과 법률을 준수하여 윤석열 검찰독재정권을 비판하고 견제했습니다. 민주헌정을 무시하거나 훼손한 적이 없습니다. 12·3 친위쿠데타에 맞서 민주헌정을 회복하기 위해 목숨을 걸고 싸웠습니다.

국민 여러분, 당원 동지 여러분.
"지금 '양비론'을 말하는 자, 내란 동조자입니다. 검찰독재정권의 부역자였습니다."

'윤석열의 난'은 진압되었습니다. 수괴를 포함한 역도들은 처벌될 것입니다. 윤석열과 김건희는 우리 정치사에서 최악의 인물 중 하나로 기록될 것입니다.

새로운 민주정부가 필요합니다. 새 정부는 내란세력과 철저히 단절함은 물론, 주거·돌봄 등 '사회권'을 보장하여 민생을 강화해야 합니다. 법치를 단지 법률전문가의

것이 아니라, 주권자의 뜻과 의식을 반영하는 것으로 재
구성해야 합니다.

저는 조만간 새로운 장소로 이감될 것입니다.
새로운 곳에서 다시 인사 올리겠습니다. 이만 총총.

2025년 1월 17일 조국 올림

조국의 함성

내란수괴 윤석열은 법원이 발부한 체포영장 집행을 온갖 궤변으로 거부하다가 체포되었고, 마침내 구속까지 되었다. 국민의힘 의원들은 12·3 비상계엄이 헌정질서를 중단시키지 않았다는 기가 막힌 주장을 펼치며 윤석열을 옹호했다. '아스팔트 극우세력'은 대통령 관저 앞에 모여 태극기와 성조기를 흔들며 윤석열 지키기에 나섰다. 윤석열·국민의힘·아스팔트 극우는 한 몸이었다. 이 와중에 '친윤' 무속인과 역술인들은 100일만 버티면 윤석열이 복귀한다는 요설을 퍼뜨렸다.

    탄핵심판이 열리는 헌법재판소에서 윤석열의 대리인단은 헌법재판소의 선례(先例)도, 헌법학자가 모두 인정하는 법리도 무시하며 정치적 발언을 일삼았고, "탄핵소추는 야당이 다음 대통령 지위를 탈취하려는 것", "부정선거에 중국이 크게 관련이 있다" 등의 해괴한 주장을 펼쳤다.

    대리인단 안에는 검사 시절 이명박 대선 후보의 다스

소유 의혹을 털어준 후 이명박 정부 시절 승승장구했고, 윤석열 정부하에서 방송통신위원장이 된 김홍일이 있다. 노무현 정부 시절 여당인 열린우리당 몫으로 추천되어 헌법재판관이 되었고, 이후 보수기독교 성향 법조인 단체인 복음법률가회 공동대표를 맡은 조대현이 있다. 윤석열·김건희 부부의 결혼식 주례를 맡았고, 문재인 정부 시절 검찰총장후보추천위원장으로 윤석열을 후보로 추천했으며, '조국 사태' 후 동양대학교 이사장을 맡은 정상명 등이 있다. 기묘한 느낌이 들지 않을 수 없다.

윤석열 일당에게 법치란 자신의 이익을 지키기 위해 사용하는 수식어였을 뿐이다. 이들은 자기에게 불리한 법치는 거부해도 된다고 생각하고 있음이 확인되었다. 이들은 21세기판 박정희·전두환이다.

이러한 상황에서 몸이 묶여 있는 현실은 안타깝고 갑갑하다. 그러나 국민은 대통령 관저 앞에서 보온용 은박담요를 두르고 눈을 맞으며 밤샘집회에 나섰다. 이곳 TV 화면에서 그 모습을 보고 뭉클했다. '키세스 시위단(團)' 만세! 일진일퇴, 우여곡절이 있겠지만, 이런 국민을 이길 수는 없다.

2025년은 윤석열 역도(逆徒) 무리가 종국적으로 패퇴하는 한 해가 될 것이다. 윤석열과 김건희는 정치적 의미에서 구약에 나오는 아합 왕과 이세벨 왕비, 셰익스피어 희곡에 나오는 맥베스와 그 부인의 운명을 맞이할 것이다.

조국의 함성

이 책의 주제는 아니지만 간략히 언급해두고 싶은 점이 있다. 윤석열이 위헌·위법 비상계엄을 결정하고 지시했을 때 군사령관들은 복종했다. 그런데 국정원 차장은 윤석열의 정치인 체포 지시를 거부하고 이를 폭로했다. 윤석열·김건희에게 충성하다가 태세전환한 검찰이 내란 수사를 진행하자, 공수처와 경찰 국가수사본부는 검찰 수사를 견제하며 동시에 내란 수사를 전개했다. 법원의 체포영장이 나온 후 공수처는 머뭇거렸으나 경찰 국가수사본부는 윤석열 체포를 역설했다. 비판을 받은 공수처는 전열을 가다듬고 경찰 국가수사본부와 긴밀히 협력하여 윤석열 체포에 성공했고, 이어 윤석열을 구속시켰다.

이상을 말하는 이유는 이러한 변화의 바탕에 문재인 정부의 권력기관 개혁이 있었다는 점을 밝히기 위함이다. 이 개혁이 없었다면 국정원은 윤석열의 지시에 따랐을 것이고, 윤석열 일당에 대한 수사는 검찰이 시종 좌지우지했을 것이다. 차기 민주정부는 이상의 점을 생각하면서 반드시 수사와 기소 분리를 포함한 검찰개혁을 완수해야 한다.

《조국의 함성》에 수록된 문서 속에 들어 있는 정신, 의지, 결기는 조국 개인의 것이 아니라 조국혁신당 당원의 것이고, 국민 전체의 것이다. 조국은 독방에 갇혀 있으나, 조국의 부재(不在)를 대신한 당원과 국민은 늘어나고 있다. 조국은 이곳에서 조국혁신당 창당 이후 윤석열 탄핵에 이르는 전체 과정을 돌아보며 새로운 길을 준비할 것이다. 정치참여 선언 이후 좌고우면하지 않고 직진하면서 돌아보지 못했던 '내면의 소리'에 귀를 기울일 것이다.

정말 많은 분들이 위로와 응원의 글을 보내주신다. 일일이 답신드릴 수 없다는 점 양해 구한다. 친애하는 벗이 정호승 시인의 시 〈노랑제비꽃〉을 보내주었는데, 내 심정 같았다. 일부를 소개한다.

나는 사랑하는 인생이 되기로 했다
희망 속에는 언제나 눈물이 있고
겨울이 길면 봄은 더욱 따뜻하리
감옥의 풀잎 위에 앉아 우는 햇살이여
인생이 우리를 사랑하지 않을지라도
창밖에는 벼랑에 핀 노랑제비꽃

윤석열은 꺾어놓았으나 조국은 갇혔다. 갇혔으나 죽지 않았다. 공간은 육신을 제약한다. 그러나 정신은 공간을 넘어선다. "자유의 비밀은 용기다."(투키디데스) 문득 영화 〈쇼생크 탈출〉에서 주인공 앤디가 교도관 몰래 교도소 전체에 튼 음악이 떠오른다. 모차르트 작 《피가로의 결혼》 중 〈편지의 이중창〉이다.

이곳에서 몸과 마음을 단단하게 만들 것이다. 상처를 핥으며 부러진 칼날을 벼릴 것이다. 그러면서 희망과 긍정의 노래를 만들 것이다. 아직 겨울이다. 그러나 봄은 오고 있다.

2025년 1월 19일 윤석열이 구속된 날 새벽에

조국

부록

———

언론 인터뷰

조국 직격 인터뷰…"채 상병 수사 불법 개입 확인되면, 바로 탄핵 사유"

[손원제 논설위원의 직격 인터뷰] 조국 조국혁신당 대표

지난 총선에서 가장 강렬한 인상을 새긴 '신스틸러'라면 단연 조국 조국혁신당 대표를 꼽지 않을 수 없다. '3년은 너무 길다' 는 촌철의 슬로건으로 민심 저변의 정권심판론을 재점화하며, 더불어민주당 공천 파동으로 흐트러지는 듯했던 총선 판도를 일거에 반전시켰다. 이후 당은 쭉쭉 우상향하며 창당 5주 만에 제3당을 꿰찼고, 조 대표 또한 유력 정치인으로 자리매김했다.

이 과정에서 가장 사람들을 놀라게 한 건 그의 달라진 말과 태도였다. 간결한 메시지로 윤석열 정권의 폐부를 찔렀 고, 자신감 넘치는 연설로 시민들을 격동케 했다. 지난 2년 윤 정권의 무능과 전횡, 불공정에 지친 국민 다수의 불만을 정치 적 분노로 끌어올렸다. 할 말을 삼키며 돌아서던 법무부 장관 시절의 모습은 찾아볼 수 없었다. 그 시기 그가 감내해야 했던 깊이 모를 추락과 고난이 벼리고 담금질한 결과라는 평가가 나온다.

이제 22대 국회 개원을 앞둔 조 대표에겐 묵은 숙제와 새로운 과제가 함께 기다리고 있다. 비교섭단체 제3당으로서

'검찰독재 조기 종식'의 쇄빙선이 되겠다는 공약을 속도감 있게 실천해야 한다. 모든 정당의 궁극적 목표인 집권의 청사진 또한 언젠가는 펼쳐 보여줘야 한다. 그러나 대법원 판결만을 남긴 재판 리스크는 이 모든 정치 일정에 불확실성을 짙게 드리우고 있다. 지난 5월 10일 서울 여의도 당사에서 조 대표를 만나 여러 궁금한 점에 대해 묻고 들었다.

이번 총선을 통해 정치인 조국을 재발견했다는 사람들이 많다. 간단명료한 메시지, 막힘없는 연설 등 과거 학자나 공직자 시절과 크게 달라졌다.

"학자 시절엔 학자의 언어가 필요했고, 민정수석 때는 절제된 단어를 사용해야 했다. 법무부 장관 때는 난장판이라 함부로 말할 수가 없었다. 작년 하반기부터 고민을 많이 했는데, 어느 시점 정치인으로 산다는 결심을 하면서 당장 언어부터 달라져야 된다는 생각을 했다. 실제 막상 거리에서 그렇게 되느냐는 또 다른 문제인데 제가 준비를 애초부터 완벽히 100퍼센트 해가지고 그렇게 됐다기보다는 광주·부산 등 거리에서 직접 시민 반응을 접하고 교감하면서 또 변한 게 있다. 부산 사투리 같은 경우는 제가 준비한 거였다. 연설은 첫 번째가 광주 충장로 연설이었다. 충장로 우체국 앞 사거리에 모인 시민들 반응을 보고 저도 격동이 되고 상호작용이 되면서 저도 변한 거다. 저 스스로도 놀랐다."

염두에 둔 롤모델이 있었나?

"특별히 없었다. 제가 애초 정치를 생각하고 성장한 사람은 아니지 않나. 물론 초중고 때 웅변대회 상 탄 적은 있다."(웃음)

이번 총선에서 국민정서를 가장 선명하게 대변한 데 대한 반응 아니겠나?

"윤석열 정권 2년간 쌓여 있던 분노, 불만이 있었는데 검찰독재정권의 검찰권 행사 때문에 두려워하고 위축돼 있었던 거 아닌가. 정치인의 역할 중 하나는 국민들이 말할 수 없거나 말하기를 두려워하는 것을 대신 직설적으로 말해주는 것이라고 생각했다. 왜 이분들이 환호를 할까. 여러 이유가 있겠지만 자신이 하지 못하는 말을 아주 단호하고 직설적으로 한다는 거였다. 전국을 몇 바퀴 돌았는데 거의 100퍼센트 똑같이 나오는 말은 내 말을 대신해줘서 고맙다, 체증이 풀린다였다."

애초 목표(10석)를 넘는 결과(12석)를 받았다.

"소기의 성과는 얻었다. 조금 아쉬운 건 있다. 여론조사상 계속 치솟고 있었기 때문에 15석까지도 가능하다고 사실 생각을 했다. 조국혁신당이 신생 정당이다 보니까 조직력이 매우 약하다. 그러다 보니 마지막 1~2주에는 정체가 있었다. 원래 목표 달성은 했기 때문에 당연히 그 점에서는 기쁘다. 창당 5주 만에 12석 얻은 이유는 여러 가지가 있겠지만, 검찰독재정권 조기 종식이란 상당히 급진적 말을 하지 않았나. 거기에 공감했던 것 같다."

실제 많은 국민들이 이 정권이 이대로 더 가면 나라가 어떻게 될지 우려했다.

"'3년은 너무 길다'라는 말은 제가 〈김어준의 뉴스공장〉에서 처음 했다. 저희 생각을 풀어서 그냥 쉽게 얘기를 했는데 당의 슬로건이 됐다. 2년으로 충분하고 3년은 너무 길다라고 한 게 공명을 일으킨 것 같다. 그리고 시민들께서 박은정, 차규근 등등을 보면서 저 사람들이 윤석열하고 제대로 싸울 것 같네 그런 판단을 한 것 같다."

야권이 대승했지만 200석에는 못 미쳤다.

"아쉽다. 범보수 진영에서 위기감을 느꼈던 것 같다. 그렇다고 조기 종식이 포기해야 될 목표는 아니다. 여전히 가능하고 필요하다. 이제 총선 민심이 공개적으로 확인되면서 윤석열 정권의 레임덕은 이미 시작됐다. 검찰독재정권 강고한 성벽에 균열이 갔음을 시민들이 알게 됐다. 윤석열 정권에 대한 두려움이 사라졌다고 본다. 그다음에 제도적으로 보면 192석이 있다. 형식주의적으로는 탄핵도 개헌도 안 되는 거 아니냐 할 수 있다. 정태적이 아니라 동태적 관점으로 바라봐야 된다. 검찰독재정권 조기 종식이라는 구호는 선거 전에는 조국혁신당만 얘기하지 않았나. 그런데 선거가 끝나자마자 개혁신

조국의 함성

당 천하람 당선자 등이 1년 임기 줄이는 개헌을 얘기했다. 이명박 정권 때 법제처장을 한 이석연 변호사도 한겨레 칼럼에서 다음 지방선거 때 국민투표하고 대선하자고 했다. 이게 신호다. 윤 정권의 무능, 무책임, 비리 등이 하나씩 하나씩 더 나올 거다. '박근혜 탄핵'이 야권 170여석 시절 이뤄졌는데, 지금은 192석이다."

8석만 더 오면 된다는 건가?

"그렇다. 8석이 아직은 오지 않겠지. 그런데 신호가, 사인이 이미 왔다. 조선일보에도 빙빙 돌려하지만 윤석열 조기 하야까지 사실상 주장하는 칼럼이 실렸다. 이러다가 보수 전체가 망한다라는 생각 때문에 그러는 것 같은데, 임계점을 넘는 순간이 올 거다. 또 정당 대표로선 임계점이 오도록 정치 주체로서 변화를 만들어낼 것이라고 말씀드린다."

역으로 지금 정권은 심각한 위기라는 건가?

"집권세력 내 균열은 이미 시작됐다. 만약 내년에 있을 재보궐선거에서도 국민의힘이 대패를 하는 순간, 그 말은 지방선거에서도 대패한다는 뜻인 걸 모두 알 것이고, 국민의힘 내부에서 윤석열 탈당하라, 개헌하자는 얘기가 나올 것이다."

내년 재보궐이 정국의 분수령이라는 건가?

"저는 그렇게 예상한다."

지난 9일 열린 윤 대통령 기자회견은 전체적으로 어떻게 봤나?

"총선 민심을 받아들일 생각, 국정 기조를 바꿀 생각이 전혀 없다. 한마디로 '오불관언'이다. 너희들은 알아서 해라. 나는 내 길 간다. 모든 특검법 다 안 받겠다는 것 아닌가."

하나씩 보면, 먼저 '김건희 주가조작 의혹 특검'에 대해서는 정치공세라고 비판했다.

"일단 정치공세라는 말의 의미는 윤 대통령이 수사 가이드라인을 준 것이다. 차기 검찰총장, 차기 서울중앙지검장에 대한 인사권을 가진 대통령이 내 아내 수사는 정치공세라고 한 건 알아서 하라는 얘기다. 윤 대통령은 또 문재인 정부에서 열심히 수사했는데 (혐의가) 안 나왔다고 했다. 정말 적반하장이다. 그 시점에 검찰총장은 자신이었다. 이성윤 당시 서울중앙지검장 증언에 따르면, 애를 썼음에도 계속 진도가 안 나갔다. 그 수사팀 또는 이성윤은 고립된 섬이었고 다른 윤석열 라인이 수사를 막았다는 취지다. 윤 총장이 인사권을 다 갖고 있었잖나. 정말 뻔뻔하다. 또 사실 도이치모터스 수사는 문재인 정부 때 시작된 게 아니다. 출발은 2013년 경찰 내사보고서에 나와서 막 갔다가 덮여져 있다가 다시 나오게 된 건데, 그게 왜 덮였는지는 아무도 모른다. 그 과정도 저는 매우 궁금하다. 지금 보면 김건희 씨 공범들은 다 유죄판결을 받았고, 그렇다면 그 보고서가 옳았다는 얘기 아닌가."

최근 검찰이 명품백 수사에 나선 의도는 뭐라고 보나?

"이원석 총장이 엄정 수사하라며 검사 3명을 파견했다. 저는 첫째는 왜 총선 전에는 그런 지시를 안 했을까 좀 우스꽝스럽다. 법리적으로 보면 김영란법으로는 배우자는 처벌 대상이 아니라는 건데, 남은 건 뇌물죄 문제가 있다. 직무 관련성이 있느냐 따져봐야 되는데, 그걸 입증하려면 소환조사 외에도 그 사건 현장 압수수색이 필요하다. 두 번째 그 디올백을 지금 대통령실은 대통령기록물로 보관했다고 주장하지 않나. 실제 언제 그 디올백을 김건희 씨가 신고하고 보관했는지를 확인해야 된다. 그러려면 총무비서관실, 경호실 등 대통령실을 압수수색해야 된다. 그걸 통해 디올백을 받자마자 기록물로 반환했는지, 최재영 목사가 폭로하고 난 뒤에 반환했는지 등을 확인해야 된다. 또 디올백을 김건희 씨가 썼느냐 안 썼느냐, 상품딱지, 가격표 등을 뗐느냐 등을 굉장히 디테일하게 확인해야 한다."

윤 대통령 본인 발등의 불은 채 해병 특검이다. 뭘 밝혀내야 된다고 보나?

"채 해병 순직 사건 수사기록을 경북경찰청에 넘겼다가 회수하는 과정에서 이시원 공직기강비서관이 유재은 국방부 법무관리관에게 전화한 게 확인됐다. 유 법무관리관은 이시원이 자신에게 보고서 제출을 요구했다고 진술한 것으로 보도가 됐다. 이시원이 유재은에게 무슨 말을 했느냐, 동시에 이시원은 이 사실을 언제 누구에게 보고했는가를 밝혀내야 된다. 당시엔 민정수석은 없었고, 비서실장은 사정 관련 업무 보고를 받지 않은 걸로 알고 있다. 이시원과 윤 대통령의 사적 관계를 보았을 때 직접 보고와 지시가 이뤄졌을 가능성이 매우 크다고 생각한다.

또 문제의 출발로 올라가보면, 윤 대통령이 해병대수사단 수사결과에 대해 격노해서 (국방부 장관을) 질책했는지를 확인해야 한다. 윤 대통령이 전화를 했거나 불러서 고함을 쳤거나 한 그 사람을 찾아서 무슨 말을 했는지를 확인해야 한다."

이종섭 당시 국방부 장관에게 '이런 일로 사단장을 처벌하면 대한민국에서 누가 사단장을 할 수 있겠느냐'고 질책했다는 보도가 있었다.

"그 과정에서 윤 대통령 역할이 무엇인지가 확인되고 수사에 불법 개입한 것이 확인되면 저는 바로 탄핵 사유라고 본다. 이걸 윤 대통령 자신이 너무 잘 알고 있다. 본인이 과거 우병우 수석 등을 수사할 때 청와대가 수사에 개입하거나 지휘를 하는 건 불법이라고 했다. 직권남용에 대한 기소와 처벌은 임기 뒤에 가능하지만, 탄핵은 얼마든지 가능하다. 너무 잘 알기 때문에 온갖 방식으로 결사적으로 특검을 막는 것이다."

기자회견에서 해병대수사단의 수사결과에 대해 국방부 장관을 질책했느냐는 질문이 나왔는데, 윤 대통령은 '왜 무리한 구조작전을 폈느냐고 질책했다'며 엉뚱한 답을 했다.

"그 답을 잘못하면 큰일 난다는 걸 아는 거다. 검사 출신이라 말하는 순간 이게 바로 문제가 되는 걸 아니까 의도적으로 동문서답했다."

대통령실에서 최근 민심 청취를 이유로 민정수석실을 부활했다.

"집권하자마자 민정수석실을 폐지한 이유가 몇 가지 있다고 본다. 민정수석실의 핵심적 역할 중 하나가 대통령 친인척 관리와 통제, 견제다. 김건희 여사를 감시하는 역할인 건데, 그게 너무 싫었던 것 같다. 지금 민정수석실을 부활한다고 하면서도 친인척 감시 기능은 전혀 언급하지 않고 있다. 그러면 이제 김주현 수석을 왜 데리고 왔느냐. 총선 전까진 한동훈을 대폭 신뢰를 한 거 아닌가. 그래서 비대위원장까지 챙겨줬는데 총선 과정에서 틀어진 거다. 또 검찰에서도 (명품백 수사 등) 감히 모반을 하려는 듯한 느낌이 있으니까 검찰총장보다 9기수 위 선배를 데리고 와서 누르려고 한다고 본다."

결국 검찰 장악용이라는 건가?

"민정수석이 검찰 인사검증권을 쥐니까. 이제 약간이라도 의견차를 보이거나 윤-김 부부 등에 대한 수사를 철저히 하겠다 그러면 좌천시키겠지. 우회적 방식으로 수사에 개입할 수도 있다. 인맥이 워낙 많으니까."(실제 이 인터뷰 사흘 만인 지난 13일 단행된 검찰 인사에선, 김건희 디올백 수수 사건과 주가조작 의혹 등을 지휘하는 서울중앙지검장과 1차장, 4차장 검사가 한꺼번에 전격 교체됐다. 김 여사 소환 조사 필요성을 주장하다가 대통령실과 갈등을 빚은 것으로 알려진 이들 대신 윤 대통령의 검찰총장 시절 대변인을 지내는 등 충성도가 높은 이창수 전주지검장을 임명한 것이라는 관측이 나온다.)

윤-한 관계는 실제로 틀어졌다고 보나?

"비유를 하자면 이혼은 하지 않았는데 별거 상태로 들어갔고, 재결합하기는 쉽지 않다고 본다."

20년 관계가 왜 그렇게 됐을까?

"출발은 김경율 비대위원의 앙투아네트 발언 아니겠나. 실제 김건희 리스크 쳐내자는 것이 한동훈 개인의 의견이기도 했던 것 같다. 그게 김건희 씨의 심기를 엄청 건드렸을 거다."

조국혁신당 교섭단체 구성은 어려워진 것 같다.

"현재로선 답보 상태다. 먼저 말씀드리고 싶은 건 교섭단체 문제는 유신의 잔재다. 유신 이전에는 다 10석이었는데, 유신 이후 박정희 정권이 20석으로 2배를 올려버렸다. 또 선거 과정에서 그 문제를 맨 먼저 꺼낸 분은 당시 민주당 상황실장

조국의 함성

이었고, 민주당은 정치개혁 과제로 원내 교섭단체 요건을 줄이겠다고 했다."

이재명 대표와 만나 협조 요청을 안 했나?

"그 얘기는 하지 않았다."

민주당이 바뀐 건 견제 심리 때문이라고 보나?

"견제 심리가 있다고 생각하고, 정당의 논리상 이해가 안 가는 건 아니다. 자력으로 천천히 시간을 두고 단독 또는 공동 원내 교섭단체를 만들기 위해 노력할 생각이다."

의석 한계가 분명한데 어떻게 가능한가?

"내년 정치 일정을 겪으면서 일정한 변화가 생기지 않겠나."

제3당으로서 쇄빙선의 역할을 강조했는데, 결국 정당의 목표는 집권 아닌가. 그걸 위한 권력의지는 있나?

"저희는 민주당보다 훨씬 작고 당세도 약한 건 사실이다. 그 상태에서 무리한 욕심을 내지 않을 것이다. 그렇지만 저희가 일당십, 일당백을 해서 실력을 쌓아나가면 한해 한해 달라지지 않겠나. 현재 조국혁신당의 역량으로 집권을 얘기한다는 것은 욕심이고 성급할 수 있다. 길게 보고 꾸준히 노력을 해서 성과를 내는 데 집중하면 언젠가는 국민들이 저기도 집권을 할 수 있겠구나 마음을 주실 거다. 자강불식하며 실력을 쌓는 게 먼저고 과욕을 부릴 생각은 전혀 없다. 궁극적으로 집권 정당을 지향하는 건 사실이다."

대통령중심제 국가에서 집권은 결국 대통령을 배출하느냐에 달렸다.

"지금 제가 당대표니까 대선 출마 얘기를 물으시는 것으로 이해가 되는데, 저는 지금 신생 정당의 정치 신인 아닌가. 지금 시점에 대권 도전을 말한다는 것 자체가 무리다. 지금 시점에 해야 될 과제, 그리고 총선 민심으로 확인된 과제를 실현하고 국민들께 효능감을 느끼게 해드리는 데 집중할 것이다. 대권 도전은 그것들이 쌓이고 난 뒤에 비로소 판단할 문제다."

민주당에선 전 국민 25만 원 지원을 강조하고 있다. 어떻게 보나?

"현재 국민들의 민생 상태가 코로나19 때보다 안 좋다는 얘기를 다 하고 있다. 자영업자 폐업률도 매우 높고 물가도 치솟고. 저는 민생 지원이 필요하다고 생각한다. 여러 방법이 있을 수 있는데, 민주당의 방안이 정확히 뭔지는 제가 잘 아직까지는 모르겠다. 추경을 통해서 민생 지원을 하자는 점에 동의한다. 25만 원이 왜 어떻게 계산이 나오는지는 저희도 지금 검토 중에 있고, 또 대상을 어떻게 할 것인지, 지원 방법을 어떻게 할 것인지는 논의가 좀 필요하다. 국회가 열리면 민주당과 같이 또는 국회 전체 차원에서 빨리 논의를 해야 된다."

조국혁신당이 준비하는 민생 의제는 뭐가 있나?

"이중 돌봄 세대를 챙겨야 된다. 4050 세대의 경우 한편으로는 부모 봉양, 또 한편으로는 자식 교육에 끼여 있는 상태다. 특히 이중 돌봄 세대에 대한 주택 지원 이런 것들이 없어서 연금 등을 동원해서 지원을 하자라는 정책을 발표한 바 있다. 또 세대 전체로 보면, 싱가포르, 네덜란드, 오스트리아식의 양질의 공공임대주택을 제공하자는 게 있다."

조국혁신당 1호 법안인 한동훈 특검법을 두고 조 대표의 사적 복수, 프랑스어로 르상티망이라는 비판이 있다.

"잘못된 공적 불의에 대한 원한, 저항이며 이를 바로잡으려 한다는 점에서 르상티망이라고 할 수는 있겠다. 사적 복수와는 거리가 먼 개념이다. 니체의《도덕의 계보학》에 등장하는데 강자에 대한 약자들의 분노, 원한을 뜻한다. 니체는 기득권 세력에 맞선 예수의 투쟁을 르상티망의 대표적 사례로 들었다."

조금 민감한 질문일 수 있겠다. 민주당 공천 과정에서 현 정부 출범 책임론 논란이 불거졌다. 일부에서는 윤석열 검찰총장을 경질하지 않은 문 대통령, 그리고 조국과 추미애 경질을 주장한 임종석, 노영민 당시 청와대 비서실장이 책임

을 져야 된다, 이런 목소리가 나왔다. 어떻게 보나?

　"문재인 정부에 대한 평가 문제일 텐데, 저는 문재인 정부에 참여했던 사람이다. 하고 싶은 말도 좀 있긴 하지만 자제하는 게 좋을 것 같다."

개인적으로는 그때 인사 조치에 대해 어떻게 생각했나?

　"저는 스스로 물러가겠다고 했다. 임명 35일째. 국정 지지도가 계속 떨어졌지 않나. 그래서 이제 그만두겠다고 한 건데. 아주 개인적으로는 제가 사퇴를 하고 윤석열 총장도 사퇴를 해서 장관과 총장을 동시에 경질하고 새로운 장관, 새로운 총장으로 2019년 하반기에 새로 시작했으면 어땠을까 하는 생각을 갖고 있다. 왜 그렇게 안 됐는지는 제가 잘 알 수가 없고, 그런 과정은 나중에 문 대통령께서 회고록을 통해서 쓰시지 않을까 생각을 한다. 조국 경질을 주장한 참모들 경우도, 추측건대 국정 지지도가 계속 떨어지는 상황에서 그런 판단을 할 수 있다고 생각한다."

재판 리스크가 여전히 남아 있다.

　"제가 정치참여와 창당을 결심할 때 대법원 판결에서 파기환송이 되지 않고 어떠어떠한 결과가 날 수 있다는 걸 전제로 하고 시작을 했다. 다만 대법원 판결이 언제 어떻게 나올지는 아무도 모른다. 제가 정치를 결심하게 된 그런 마음가짐을 말씀드리자면 대법원 판결이건 뭐건 제가 통제할 수 없는 일들 때문에 현재의 저의 활동을 규제하거나 자제하지 않겠다는 결심을 한 거다. 그래서 리스크가 현실화되기 전까지는 오늘의 현실에 집중하자는 게 저의 각오이자 철학이다. 그다음에 최악의 결과가 난다 하더라도 조국혁신당에는 12명의 당선자 의원이 있고, 16만~17만 당원이 있고, 또 지지해준 690만 유권자가 있기 때문에 조국이 없다 하더라도 당은 자신만의 동력으로 굴러갈 것이라고 확신하고 있다."

/ 손원제 논설위원

[단독 인터뷰 ①]

조국 "내 정치가 사적 복수? 불의한 강자를 향한 '공적 복수'"

1년 전 조국 조국혁신당 대표는 "지도도 나침반도 없는 '길 없는 길'을 걸어나가겠다"며 처음으로 '정치할 결심'을 공개했다. 이후 창당을 했고 총선에 출마했으며 누구도 예상 못 한 '돌풍'을 일으켰다. 혼자였다가 동지가 생기더니 690만 표와 국회 12석을 얻었다. "백척간두서 홀로 몸을 던졌는데 하나둘 함께 뛰어내렸고 국민들이 받아줬다." 그렇게 그의 앞에 새로운 길이 열렸다.

'민정수석과 법무부 장관을 거쳐 복수(revenge)를 계획하는 새 길을 닦는 정치인.' 지난 6월 1일(현지시각) 미국의 유력 일간지 월스트리트저널(WSJ)은 국회의원으로서 첫발을 뗀 조 대표를 이렇게 정의했다. 길 없는 길을 걸어온 그의 목표는 끌어내리고(take down) 싶은 누군가를 향한 '복수'였을까. 6월 5일 시사저널과의 인터뷰에서 그는 이에 대해 강하게 부정했고 또 강하게 긍정하기도 했다.

조 대표는 "사적 복수를 위한 정치를 한 적 없고 할 계획도 없다"고 단호히 부정했다. 그러나 "불어로 '르상티망

(ressentiment)', 즉 불의한 강자에 대한 공적 복수를 이야기하는 거라면 그건 사실"이라며 "많은 분들이 이 방향에 동의한다는 게 이번 총선에서 나타난 것"이라고 말했다. 조 대표가 방점을 찍은 '르상티망'은 철학자 프리드리히 니체가 《도덕의 계보학》 에서 '권력의지에 의해 촉발된 강자의 공격욕에 대한 약자의 복수감'을 포괄하는 의미로 제시한 개념이다.

'3년은 너무 길다'는 구호로 대표되는 윤석열 정권 심판에 대한 그의 의지는 실제 민심의 반응을 얻었다. 그렇다면 그다음 조국혁신당이 향할 길은 어디일까. 조 대표는 "교육· 노동·주택 등에 있어 '사회권 선진국'을 만드는 것"이라며 '국가 대전환'을 목표로 제시했다. 그러면서 "이 방향에 있어 향후 더불어민주당과 분명히 차별화가 나타날 것"이라며 민주당과 '생산적 경쟁'에서의 자신감도 내비쳤다.

22대 국회 개원 후 약 일주일이 지났다. 첫발을 뗀 소회를 말해달라.

"지난 2월 13일 창당선언을 하고 3월 3일에 창당, 4월 10일 총선을 치렀기 때문에 그동안 정말 정신없이 달려왔다. 우선 짧은 시간 내에 소기의 성과를 거둔 데 대해 기쁘고 감사한 마음이 크다. 그렇게 짧았음에도 총선에서 조국혁신당에 무려 690만 표를 보내주셨는데, 그 의미가 무엇인지 곱씹을 때마다 어깨가 무겁다. 복합적 감정이 든다."

시간을 조금 거슬러 올라가 보겠다. 짧지만 강했던 지난 총선을 거치며 가장 기억에 남거나 혹 힘들었던 순간은 언제였나.

"창당 고민을 지난해 말부터 본격적으로 했다. 2월 13일 창당선언을 한 이후에도 한동안 국회의원이든 평론가든 기자든, 정치를 좀 안다는 여의도 사람들은 모두 '조국의 당이 잘 안될 것'이라며 조롱하고 비난했다. 친한 친구들도 대부분 말렸다. 계속 그런 얘기를 듣고 또 보도도 되니 '안되면 어떡하나' 걱정이 점점 커갔다. 그 걱정이 사라진 건 실제 거리에서 국민을 만나고 (지지) 열기를 생생하게 실감하면서였다. 제 정치참여와 조국혁신당의 출범 자체가 참 예외적인 일이기 때문에 기존 여의도 공식과 거리가 멀었던 것이다. 저와 당 구성원들이 성과를 거둔 것도 기존 정치공학에 의존하지 않았기 때문이라고 생각한다."

WSJ는 '복수를 계획하는 정치인'이라고 정의했다. 동의하나. 지금 복수 중인가.

"만일 제가 정치권 일각의 지적처럼 '사적 복수'를 위해 정당을 만들고 출마했다면 총선에서 결코 690만 표를 얻을 수 없었을 것이다. 조국이 사적 복수에 성공해 12석을 얻고 원내 3당이 됐다? 인과관계가 아주 멀잖나. 제 정치를 사적 복수로 규정하는 건 690만 선택을 무시하는 건방진 판단이다. 다만 불어에 르상티망(ressentiment)이란 단어가 있다. '불의한 강자에 대한 공적 복수'다. 사적 복수를 하느냐 묻는다면 단호히 '노

(NO)'라고 하겠지만, 르상티망이냐 묻는다면 '맞다'고 답하겠다. 이번 총선에서 많은 국민이 이 방향에 동의하고 인정해주셨다고 생각한다. 그동안 저와 저희 가족이 정치·사회적 도륙됐다는 데 공감도 있고 비판도 있다는 걸 안다. 제겐 장점도, 단점과 모자란 점도 있다. 국민은 현명하시기에 그 모든 한계까지 종합적으로 판단해 총선에서 이러한 결과를 만들어주신 거라고 본다."

윤석열 대통령 국정 지지율이 최저치를 기록하고 있다. 그런데 수치상 조국혁신당과 민주당이 그에 따른 반사이익과 외연 확장을 충분히 못 하고 있다는 지적이 있다. 어떻게 답하겠나.

"먼저 조국혁신당은 총선 전후로 정당 지지율이 내려가지 않고 있다. 일부 언론에서 총선 당시 '비례정당 선호도' 수치와 지금 정당 지지율을 나란히 비교하며 '지지율이 크게 떨어졌다'고 보도하던데, 이건 통계의 기본에 어긋난 것이다. 정당 지지율을 봤을 때 오히려 총선 후 저희 당은 꾸준히 우상향 중이다. 민주당과의 합을 봤을 때 총선 압승과는 좀 맞지 않는 부분이 있는 건 사실이지만 이는 조국혁신당 지지율이 빠져서가 아니다. 민주당이 총선에서 크게 이겼음에도 불구하고 지지율을 확 올리지 못하고 있기 때문이다."

왜 그렇다고 보나.

"총선에서 조국혁신당이 12석을 얻은 이유 중 하나이기도 한데, 이번 민심의 핵심은 윤석열 정권을 단호하게 심판한다는 것이었지만 동시에 거대 민주당에게도 경고를 보냈다고 생각한다. 그 심판과 경고의 수단으로 조국혁신당을 선택한 것이다. 윤석열 정부는 말할 것도 없고, 민주당 역시 이러한 총선 민심을 더욱 깊이 받아들여야 한다. 표현이 좀 그렇지만 총선에서 민주당 내에서 소위 '몰빵론'을 강조하지 않았나. 그런데 실제 많은 분들이 몰빵 대신 조국혁신당을 띄워주셨다. 이에 대해 민주당은 수권을 노리는 제1당인 만큼 잘 분석하고 내부적으로 혁신을 해야 한다고 생각한다."

민주당과 조국혁신당의 관계는 어떻게 규정하나.

"공통의 과제를 위해선 확실하게 협력할 것이고 어느 누구보다 강하게 연대할 것이다. 하지만 원내 교섭단체 요건 완화나 지구당 부활 등 정치개혁 문제를 비롯해, 의료 간병비·주택 등 정책 면에서 이미 차이가 발생하고 있다. 이런 지점에 있어선 어느 것이 더 옳은지 국민에게 물으며 서로 생산적인 경쟁을 해나가야 한다."

민주당은 171석을 가진 거대 정당이다. 조국혁신당이 이견에 대해 계속 뚜렷한 목소리를 내며 차별화를 시도할 수 있다고 자신하나.

"그건 두고 보시면 알 것이다. 물론 민주당 조직력의 약

조국의 함성

15분의 1 수준으로 우린 사람도 적고 돈도 적다. 이럴 때일수록 저희가 할 수 있는 건 선거기간에 했던 약속들을 지키기 위해 혼신의 힘을 다하는 것뿐이라고 생각한다. 최근 한국갤럽에서 정당별 호감도 조사를 했다. 15퍼센트 안팎의 지지율과 달리 호감도에서 조국혁신당이 36퍼센트를 얻었다. 호감도는 미래의 지지 가능성을 의미한다. 우리가 했던 말들을 지키는 모습을 보인다면 호감도 이상의 지지를 얻고 성장하리라 본다."

창당과 동시에 주창해온 윤석열 정권에 대한 심판, 그 후 조국혁신당의 다음 과제와 목표는 무엇인가.

"'3년은 너무 길다'는 외침이 끝난 후 당의 목표를 키워드로 이야기하면 '사회권 선진국'이다. 군사독재 5공화국을 넘어 자유권이 보장된 6공화국을 만들었다. 이젠 그다음 7공화국으로 넘어갈 때이며 그 일에 앞장설 계획이다. 민생·노동·복지·주택·교육 등에 있어 기본적 보장을 늘려 국민들의 가처분소득이 현재보다 높아지는 세상을 의미한다. 지금은 월급 받아서 집값 내고 아이들 교육비 등에 지출하고 나면 절반 이상이 그냥 나가버린다. 그 상당 부분을 국가가 책임져 실질적인 소득을 높이는 것이다. 국가 대전환이 필요한 일이며 기존 복지국가와도 다르다. 민주당과 조국혁신당은 검찰개혁에 있어 80퍼센트 이상 생각과 방향이 같다. 그러나 '사회권 선진국' 부분에 대한 시각에 있어선 현저한 차이가 있다. 이것이 저희의 차별점이고 독자전략이다."

다소 추상적으로 들릴 수도 있을 것 같다. 구체화 계획은 있나.

"저희 당은 쇄빙선 법안과 예인선 법안으로 나눠 하나씩 발표·추진하고 있다. 쇄빙선은 빙하를 깨는 것, 즉 윤석열 정권과 싸우는 내용이다. 한편 예인선은 나라를 이끌기 위한 전략으로, 이 예인선 법안을 계속해서 제시하고 이뤄내면서 구체적이고 차별화된 모습을 증명해 보일 것이다."

차기 대권에 대한 입장은 무엇인가.

"모두의 만류와 조롱, 비난에도 불구하고 저는 백척간 두에서 뛰어내리기를 택했다. 그런데 국민들이 그런 저를 받아준 것이다. 처음에 혼자였는데 하나둘 같이 뛰어내려줬고 많은 국민들이 넓고 단단하게 받아안아줬다. 그래서 제가 지금 이 자리에 있다. 제 쓰임과 역할이 다할 때까지 처음 백척간 두진일보(百尺竿頭進一步: 백 자나 되는 높은 장대 위에 이르러 또 한 걸음 더 나아간다는 뜻으로, 두려움을 무릅쓰고 목숨을 걸 때에 비로소 살길이 열린다는 의미)의 마음으로 가겠다."

대법원 판결이라는 거대 변수가 남아 있는데 어떤 마음으로 기다리고 있나.

"하급심 판결 관련해서 전혀 동의되지 않는 부분이 많다. 일례로 제 딸이 장학금 받은 것이 김영란법 위반이라는 판단은 전혀 이해되지 않는다. 딸이 경제적 독립을 하기 전이어서 제가 받은 거나 마찬가지라는 것이다. 도저히 이해가 안 돼 상고를 했다. 대법원 판결이 어떻게 나오든 저는 당연히 따를 것이다. 어떤 판결이든 이 또한 백척간두진일보 상태로 살 것이다."

[단독 인터뷰 ②]

조국 "尹정부, 보수 아니다… 듣도 보도 못한 '보수 참칭' 무능 정권"

"국정 지지율 전광판을 보지 않겠다"고 집권 초부터 단언했던 윤석열 대통령의 지지율이 어느새 21퍼센트(한국갤럽 기준)까지 추락했다. 이 같은 상황에서 윤 대통령은 지난 3일 취임 후 첫 국정 브리핑을 직접 열고 '동해 석유·가스 매장' 가능성을 전격 발표했다. 문재인 정부에서 5년 전 극적 타결한 '9·19 군사협정'에 대해서도 북한의 선제적 파기와 오물풍선을 이유로 4일 '즉각 파기' 결정을 내렸다. 모든 것이 빨랐고 갑작스러웠다.

이 같은 윤 대통령의 행보를 본 조국 조국혁신당 대표

는 "도저히 이해할 수 없는 국정운영 방식"이라며 "문재인 정부 청와대에 있을 때는 상상도 못 했던 일들"이라고 지적했다. 그는 5일 시사저널과의 인터뷰에서 윤 대통령의 '석유 매장' 발표에 대해 "지지율 추락에 다급해져 '막 던지기'를 하고 있다"며 "지지율이 10퍼센트대에 진입해 혹 15퍼센트 밑으로 추락하면 정권의 모든 것이 급속도로 붕괴될 것"이라고 전망했다. 또 '9·19 군사합의 파기'는 "10퍼센트대 극우 지지층만 보겠단 선언"이라며 "명분도 실리도 없는 결단으로 민심은 더욱 떠날 것"이라고 경고했다.

조 대표는 "윤석열 정부는 민주주의를 비롯해 대한민국의 기본 중 기본들을 무너뜨리고 있고 국정운영도 마음대로 하고 있다"고도 목소리를 높였다. 이어 "보수정권이라 부를 수도 없는, 듣도 보도 못한 '보수참칭' 정권"이라며 "보수·진보 진영을 떠나 이런 '몰지각'하고 '무능'한 정권은 처음"이라고 직격탄을 날렸다.

윤 대통령이 3일 '동해 석유·가스 매장' 가능성을 국정 브리핑으로 갑작스레 발표했다. 어떻게 보았나.

"가장 황당한 부분은 두 가지다. 5000억 원 이상의 예산이 드는 엄청난 대형 국가 프로젝트를 산업통상자원부도 잘 몰랐다는 점과 외국 '1인 기업'의 보고서만 믿고 투자를 하려 한다는 점이다. 이러한 프로젝트는 당연히 산자부 등 유관 부처는 물론, 대통령실 정책실에서 몇 달씩 검토를 거쳐야 하는 일이다. 대통령이 직접 말하는 순간부터 프로젝트는 무르기 힘들어지고 무조건 집행돼야 하기 때문이다. 이런 식의 국정 운영은 정말 이해가 안 되고 처음 봤다. 제가 청와대에 있었을 땐 상상할 수도 없는 일이다."

윤 대통령이 '석유 매장' 카드를 꺼낸 이유는 무엇이라고 보나.

"대통령의 지지율 폭락 사태 때문이라고 볼 수밖에 없다. 총선 참패 이후 대통령이 어떤 행보를 해도 통하지 않았다. 최근 한국갤럽 조사에서 지지율이 21퍼센트까지 내려가 10퍼센트대를 목전에 두고 있지 않나. 확실치 않으나 대통령실 내부 조사에서 20퍼센트 아래까지 내려갔다는 이야기도 돈다. 이처럼 다급한 상황에서 시쳇말로 '막 던지고 있는' 것이다. 10퍼센트대 카운트가 시작되면 내리막은 더욱 가속도가 붙어 정권 전체가 위험해진다. 아직은 최소한의 저항력이 지지율을 받쳐주고 있지만, 만일 15퍼센트 언저리까지 떨어지기라도 한다면 그 후부터는 회복이 어렵고, 모든 것이 붕괴될 것이다. 아이러니하게도 그래서 이 정부는 앞으로 이렇게 제대로 검토 과정도 없는 희한한 정책들을 더 많이 제안할 것으로 예상된다. 대통령실이 또 무엇을 할지 정말 모르겠다."

윤 대통령이 북한과의 '9·19 군사합의'도 결국 전면 효력 정지시켰다.

"물론 북한이 먼저 군사합의를 파기하긴 했다. 하지만 저라면 북한이 군사합의를 어기고 오물 폭탄(풍선)을 던졌을 때 맞불로 폭탄을 던지는 것이 아니라, 오히려 '우리 정부는 끝까지 군사합의를 준수할 것'이라며 북한에 도발 자제를 요청했을 것이다. 그리고 뒤에선 북한과 치열하고 긴밀한 협상을 진행했을 것이다. 그래야 명분도 있고 실리도 챙기는 길일 텐데 윤 대통령은 이 문제에 있어서도 또 갑자기 군사합의 파기를 결단해버렸다."

윤 대통령이 군사합의 파기 결정을 내린 속내는 무엇일까.

"이것도 비슷하게 지지율 폭락과 연결된 것으로 본다. 9·19 군사합의 파기를 원하는 10퍼센트대 극우 성향 지지층만 보고 이들의 마음을 충족하는 일을 한 것이다. 이를 통해 일시적으로 지지율이 더 떨어지는 것은 막을 수 있을 것이다. 그러나 앞으로 점점 더 많은 사람들로부터 '대체 무엇을 하는 것이냐'는 비토가 나오리라 본다. 이 정부 들어 북한과의 교섭의 고리가 완전히 끊어져버리지 않았나. 전쟁 와중에도 교섭은 하는데 물밑 협상 같은 건 되고 있을 리 만무하다. 남북의 핫라인도 진작 끊어졌다. 윤석열 정부 들어 국가정보원의 기존 우수한 대북요원 약 200명을 문재인 정부 사람들이라는 이유로 모두 좌천시켜버리기도 했다. 그러니 대북 정보가 정부에 전혀 들어오지 않는 것이다. 이렇게 또 (탄핵) 마일리지가 계속 쌓이

조국의 함성

고 있는 것이다."

모든 걸 종합해 윤석열 정부에 대한 총평을 내린다면.

"저는 윤석열 정권을 보수정권이라고 말하는 것 자체가
웃기다. 우리나라에서 듣도 보도 못한 '보수 참칭' 정권이다.
대한민국의 기본을 전부 무너뜨리고 있다. 민주주의 가치를
무너뜨리는 건 물론이고 국정운영도 마음대로 하고 있다. 역
대 정부에선 예외 없이 '국정운영은 이렇게 해야 한다'는 최소
한의 프로토콜이 있었는데 윤석열 정부에선 그 모든 게 전혀
안 지켜졌다. 프로토콜의 마지노선이 무너진 셈이다. 이건 진
보·보수의 문제가 아니다. 정권교체가 됐을 때도 지켜져야 하
는 건 지켜져왔다. 윤석열 정권은 진영을 떠나 그저 완전히 '몰
상식'하고 '무능'한 정권이다."

[단독 인터뷰 ③]

조국 "尹, '채 해병 특검' 막는 이유? '탄핵 스모킹건'인 걸 알기 때문"

조국 조국혁신당 대표는 총선을 거치는 동안 줄곧 가장 앞에

서, 가장 끝까지 '정권심판'을 위해 싸우겠다고 약속해왔다. 그것은 민심을 타고 돌풍이 되었고 '원내 3당'이라는 깜짝 성과를 만들어냈다. 국회의원으로서 첫발을 뗀 그의 앞엔 약속을 지키기 위한 과제들이 산적하다. '채 상병 사망 사건'과 김건희 여사의 '도이치모터스 주가조작' 등 각종 의혹을 정조준하고 있는 조 대표의 하루는 열흘처럼 흘러가고 있다.

조국혁신당을 비롯한 범야권은 22대 국회 개원 직후부터 '특검(특별검사)' 카드를 동시다발적으로 꺼내들며 정부를 압박하고 있다. 조 대표는 그 가운데 21대 국회서 윤 대통령이 거부권으로 막아 세운 '채 상병 특검법'이 정권의 치명타가 될 것이라고 주장했다. 그는 5일 시사저널과의 인터뷰에서 "수사외압' 정황이 연일 드러나고 있는데도 윤 대통령이 이토록 숨기며 특검을 막는 건, 이것이 탄핵의 '스모킹건'(결정적 증거)이라는 걸 본인도 너무 잘 알고 있기 때문"이라고 말했다.

최근 공개 행보를 재개한 김건희 여사를 둘러싼 의혹에 대해선 "진작 체포영장을 치고 압수수색을 해야 했을 일"이라며 "헌법도 적용되지 않는 특권계급이 된 것"이라고 비판했다. 다만 그는 최근 김 여사의 비공개 서면진술서가 언론에 고스란히 공개된 점을 꼬집으며 "이런 것이 새어나온다는 건 검찰 내부의 싸움과 분열이 이미 시작됐다는 방증"이라고 지적했다.

그는 이러한 문제들이 누적돼 '탄핵'의 임계점에 다다르고 있다고도 진단했다. 조 대표는 "탄핵은 형법상 유죄판결

조국의 함성

이 나지 않더라도 '대통령이 헌법을 준수할 의지와 생각이 없다'는 사실만 확인되면 그 요건을 갖추게 된다"며 "윤 대통령의 탄핵 마일리지는 지금도 계속 차곡차곡 쌓여가는 중"이라고 직격했다.

'채 상병(채 해병) 사건'이 정치권의 핵심 화두로 부상했다. 최근 드러난 윤석열 대통령의 '수사 외압' 정황들에 대해선 어떻게 보나.

"윤 대통령이 이 사건에 직접 개입돼 있다는 것은 이미 이종섭 전 국방부 장관과의 세 차례 전화 사실로 확인이 됐다. 통상 수사였다면 윤 대통령 개인의 휴대전화에 이어 통화를 했던 한남동 대통령 관저 사무실 등에 대해 진작 압수수색에 나섰을 것이다. 그리고 직접 통화한 사람이나 목격자들도 소환해 어떤 일이 있었는지 확인하는 것이 기본이었을 것이다. '검사 윤석열'이라면 당연히 그렇게 했으리라 본다. 그런데 윤 대통령은 수단과 방법을 가리지 않고 특검법을 막고 있다. 분명 무언가를 숨기고 있다. 왜일까. 이미 이 사건이 자신의 '탄핵'에 있어 스모킹건이란 사실을 너무도 잘 알고 있기 때문이라고 생각한다."

아직 의혹 수준인 것들이 확정적으로 드러나면 '대통령 탄핵'도 가능한 사안이라고 보는 건가.

"물론이다. 대통령이 탄핵되려면 수적으로 200명의 의원도 필요하지만 대통령의 명백한 '불법 사유'가 일단 필수조건이다. 우리나라에서 무능·무책임으로 탄핵하는 것은 불가능하다. 만약 그것이 가능했다면 윤 대통령은 진작에 탄핵됐을 것이다. 그런데 헌법재판소 판례에 따르면, 탄핵 가능한 불법 요건이란 '형법상 유죄'로 확정되는 걸 의미하는 게 아니다. 행상책임(행동 또는 태도에 따른 책임)을 위배했는지 여부를 따진다. 즉, 대통령이 헌법과 법률을 준수할 의지나 생각이 없다는 것이 확인되면 탄핵이 가능해지는 것이다. 윤 대통령의 탄핵 사유는 점점 쌓이고 있다. 대통령의 그간 모습을 보며 과연 헌법을 준수할 의지나 능력이 있는가를 두고 많은 사람들이 이미 회의적인 반응을 보이고 있다."

윤 대통령의 거부권 행사로 21대 국회서 폐기됐던 '채 해병 특검법'이 22대 국회서 재추진될 예정이다. 윤 대통령의 거부권 행사와 이후 재표결 결과는 어떻게 전망하나.

"거부권을 행사한 후 국회로 특검법안이 돌아왔을 때, 통과를 위한 수(數)에선 '8석'이 부족한 게 사실이다. 하지만 그래서 이번에도 통과가 어렵지 않을까라고 생각하는 건 상황을 정태(靜態)적이고 정치공학적으로만 보는 것이다. 세상과 정치, 사람의 마음은 계속 움직인다. 따라서 조금 더 동태(動態)적으로 봐야 한다. 앞으로도 공수처(고위공직자범죄수사처)나 특검 수사, 그리고 언론의 취재를 통해 숨겨졌던 무언가가 계

조국의 함성

속 드러날 것이다. 그러면 국민들의 마음은 더욱 기울 것이고, 그렇다면 여당 의원 8명 또는 그 이상의 표심도 이동할 수밖에 없을 것이다. 이미 그 흐름으로 가고 있다."

'김건희 여사 특검법'에 대해서도 대통령은 끝까지 거부할 것으로 보이는데.

"김건희 씨가 도이치모터스와 관련이 있다는 것은 100퍼센트 확인됐고 공범들도 유죄판결을 받았다. 특히 5일 한겨레 보도에서 김 씨가 도이치모터스 주가조작 의혹 수사팀이 확인하려는 질문에는 답을 안 하고 이미 공소시효가 지난 질문에만 답을 했다는 서면진술서가 공개되지 않았나. 보통의 경우라면 이미 체포영장을 발부하고 유관 은행이나 집, 사무실을 모두 압수수색했을 것이다. 그런데 검찰은 단 하나도 진행하고 있지 않다. 김 씨는 헌법도 적용되지 않는 특권계급인 것이다.

다만 주목할 점이 있다. 이 비공개 서면진술서가 언론에 노출됐다는 것이다. 이는 검찰 내부 갈등의 결과일 수밖에 없다. 추측하건대 검찰 상층부의 압박에 저항하는 수사팀 내 누군가가 반발심에 서면진술서를 언론에 흘린 게 아닌가 싶다. 계속 위에서 찍어 누르려 하니 '못 참겠다'며 반발하는 상황이 벌어지고 있는 것이다. 서울중앙지검장으로 최근 임명된 이른바 '찐윤(찐윤석열)' 이창수 지검장도 이 같은 대세적 흐름을 막을 순 없으리라 본다. 물론 윤 대통령이 거부권 행사로

'김건희 특검법'도 막겠지만 그러면 탄핵 마일리지는 또 하나 쌓이는 것이다."

여당에선 '김정숙 여사 특검법'으로 맞불을 놓고 있는데 어떤 입장인가.

"이런 여당의 대응은 일종의 '코미디' 그 이상도 이하도 아니라고 생각하기에, 자세히 언급하거나 논의할 가치조차 없다는 게 제 입장이다."

당에서 22대 국회 1호 당론 법안으로 '한동훈 특검법'을 발의했다. 결정의 이유는 무엇인가.

"총선에서 국민들과 한 약속을 지키기 위해서다. 한동훈 전 국민의힘 비상대책위원장은 윤 대통령의 검찰총장 시절 기획자였고, 물론 최근엔 관계가 틀어진 것 같지만 윤석열 정권 들어선 줄곧 황태자로 군림했다. 이들은 '살아 있는 권력 수사를 엄정하게 하겠다'는 기치로 '공정과 상식'을 함께 이야기해온 '한 팀'이다. 하지만 정권이 바뀐 후 이들은 본인들이 한 말을 전혀 지키지 않았고 오히려 정반대로 자기 자신이나 가족, 측근들에 대해선 조금도 수사를 하지 않고 있다. 그런 와중에 한 전 위원장은 조만간 국민의힘 전당대회에 출마해 다시 여당의 대표가 되려고 하고 있다. 또다시 '살아 있는 권력'이 되는 셈이다. 그럼 더더욱 윤 대통령과 함께 자신들이 내세워온 기치를 스스로에게 적용할 필요가 있다. 더도 덜도 말고 본인들이 했던 말대로 하길 바란다."

두 가지가 궁금하다. 더불어민주당이 '한동훈 특검법'에 적극 협조할지, 그리고 윤 대통령이 여기에도 거부권을 행사할지다.

"우선순위를 조절할 순 있지만 민주당이 당연히 적극적으로 협조하리라고 확신한다. 윤 대통령의 거부권의 경우 동태적으로 볼 필요가 있다. 한동훈 특검법에 담긴 한 전 위원장의 다섯 가지 혐의 중 '고발사주 의혹'은 윤석열 당시 검찰총장의 '직보 라인' 핵심 참모였던 손준성 검사가 연관돼 있다. 즉 윤 대통령 자신의 문제기도 하다. 그래서 윤 대통령이 일단 거부권을 행사할 가능성이 크다. 다만 주목해야 할 건 특검법이 다시 국회로 돌아왔을 때다. 한 전 위원장이 당대표가 돼서 윤 대통령에게 다시 예전처럼 충성한다면 모르겠지만, 계속해서 윤 대통령을 들이받는다면 재표결 과정에서 친윤(親윤석열)·반한(反한동훈) 국민의힘 의원들이 특검 찬성으로 이탈해버릴 가능성도 있다. 혹 총선 정국에서 한 전 위원장 측근인 김경율 전 비상대책위원의 이른바 '마리 앙투아네트' 같은 발언이 한 번이라도 더 나온다면, 윤 대통령이 곧장 재표결 찬성을 유도해서 한 전 위원장에게 '뜨거운 맛'을 보여줄 수도 있다. 윤 대통령은 아주 간명한 사람이다."

/ 구민주, 변문우 기자

[논설위원의 단도직입] 조국 조국혁신당 대표

"민주당, 중도화 전략 성급…특정 후보 전제 말고 '다수 연합' 틀 짜야"

조국 조국혁신당 대표는 지난 총선 때 '지민비조'(지역구는 민주당, 비례는 조국혁신당) 전략을 들고 나와 성공을 거뒀고, 야권 전체의 파이도 키웠다. 그때도, 그 이후에도 조 대표 행보는 더불어민주당과의 경쟁보다 '동지적 관계'에 방점이 찍혔다. 그런 조 대표가 지난 21일 최고위원회의에서 "조국혁신당이 12석짜리 작은 정당이라고 무시해서는 안 될 것"이라고 민주당을 직격했다. "이번 정기국회에서 검찰개혁 4법을 통과시키자"고 민주당을 압박하기도 했다.

10·16 재보궐선거 후 민주당 일각에서는 혁신당의 지역구 출마를 비판하는 목소리가 이어지는 터다. 조 대표의 작심 발언은 일차적으로 그 반응이겠으나, 근저에는 민주당이 최근 보이는 모습 전반에 대한 비판적 인식이 깔린 걸로 보인다. 조 대표는 경향신문 인터뷰에서 민주당의 금융투자소득세·종합부동산세 완화, 검찰개혁 속도조절 움직임을 '중도화'로 규정했다. 예컨대 민주당이 검찰개혁 법안을 제출하지 않은 것을 두고 "수권을 생각하기 때문이라고 본다"면서 "검찰개

혁을 세게 하면 수권에 방해가 된다, 오해를 일으킨다는 고도의 정무적 판단을 한 걸로 보인다"고 했다.

조 대표는 "지금 시점에 중도화 전략은 성급하다"고 했다. 그러면서 "특정 (대선) 후보가 된다고 전제하고 당의 전략을 짜는 게 맞느냐"고 했다. 민주당이 "이재명 시대를 준비하겠다"며 집권플랜본부를 가동한 걸 염두에 둔 발언으로 보인다. '이재명 대통령 만들기'와 중도화 노선이 같은 궤에 있다는 뜻이다. 조 대표는 지금은 중도화가 아니라 다수연합 창출이 필요하다고 했다. '박근혜 탄핵'처럼 국민 지지를 받는 개혁 의제를 고리로 연합정치를 펼쳐 집권 기반을 넓혀야지 중도로 갈 상황은 아니라는 것이다.

조 대표는 지난 대선에서 민주당이 근소하게 패한 요인 중 하나도 다수연합 창출의 실패라고 했다. 그러면서 "다시 한번 똘똘 뭉치면 이긴다는 판단은 매우 위험하다"고 했다. 두 가지 문제의식이 깔린 걸로 보인다. 중도화가 개혁 요구에 부합하지 않는다는 게 하나라면, 비이재명계나 민주당 이외 정당에 보이는 배타성이 다른 하나일 것이다. 물론 조 대표 발언엔 10·16 재보선 패배 후 선명노선으로 당의 존재 이유를 각인시키려는 정치적 셈법도 있겠다. 혁신당이 윤석열 대통령 탄핵 운동을 본격화하고 나선 것도 그 일환일 것이다. 지난 10월 18일 국회 본관 혁신당 대표실에서 조 대표를 만났다.

윤 대통령 지지율이 최악인데도 부산 금정구청장 보선에서 야권 단일후보가 크게 졌습니다.

"이해가 안 되는 게 있어요. 부산시당과 (민주당 후보와 단일화한) 류제성 후보는 철저하게 결합을 했고, 단일화 후에 발을 안 뺐어요. 그런데도 민주당 득표율이 지난 지방선거·총선 때보다 떨어졌어요. 민주당이 냉정한 분석을 해봐야 될 사안이에요. 민주당·혁신당을 포함해 야권 전체가 매우 주목해야할 나쁜 징조인 거죠."

전남 영광·곡성 군수 재선거에도 공을 많이 들였는데 민주당에 졌습니다.

"가장 큰 것은 조직력의 한계죠. 지역선거 경험 자체가 처음이라 뒷심이 약하기도 했고요. 그래도 이번에 조직의 씨앗이 만들어지고 지역선거 경험을 했어요. 당의 단결력과 응집력도 높아졌고요. 이걸 더 강화시키고 확대시키는 게 우리의 과제입니다."

지역에서 민주당과 맞붙은 건 처음이에요.

"지난 총선 때는 지역선거에서는 민주당에도 도움 주면서 비례선거에서는 (민주당의 비례위성정당인) 더불어민주연합과의 경쟁에서 이겼어요. 이번에는 저희가 졌죠. 1승 1패라고 생각합니다."

조국의 함성

지난 총선 때 돌풍을 일으켰지만 이후에는 존재감이 떨어집니다.

"제도적 원인은 교섭단체가 아니라는 거죠. 개혁신당이 연합 교섭단체 안 하겠다고 해서 그것도 쉽지 않은 상태이고, 민주당도 국회법을 바꿔 교섭단체로 만들어줄 것 같지 않아요. 다른 돌파구로 혁신당의 길을 모색해야 합니다."

혁신당이 잘한 의정활동은 뭔가요.

"수사·기소 분리, 기소청 신설 등을 담은 검찰개혁 법안을 성안해서 제출했어요. 민주당은 아직 검찰개혁 법안을 만들지 않았을 뿐 아니라 당분간 법안을 상정하지 않겠다는 걸로 알아요. '김건희 특검' '채 상병 특검'이 먼저라는 거죠. 그러나 저는 그 두 개가 배치되지 않는다고 생각해요."

민주당은 왜 그럴까요.

"수권을 생각하기 때문이라고 봅니다. 검찰개혁이 집권 플랜본부로 대체됐다는 생각을 합니다. 검찰개혁을 세게 하면 수권에 방해가 된다, 오해를 일으킨다는 고도의 정무적 판단을 한 걸로 보입니다."

조 대표의 말이 이어졌다.

"금융투자소득세 문제도 같다고 봅니다. 민주당은 금투

세 실시 요건을 대폭 강화하려는 걸로 보입니다. 진보적 경제 학자들, 중도적 경제학자들, 기재부 관료들, 여의도 증권사에 서 근무하는 사람들도 금투세를 빨리 실시하는 게 낫다고 얘기해요. 그런데 민주당은 다른 선택을 하죠. 종부세도 저희는 유지해야 된다는 입장이지만 민주당은 적용 대상을 줄이는 방식으로 갈 걸로 보입니다."

혁신당과 민주당의 관계를 어떻게 규정하십니까.

"저는 민주당을 중도개혁정당, 혹은 중도정당으로 이해하고 있습니다. 검찰개혁 같은 문제를 두고는 당연히 협력하겠지만 금투세·종부세와 같은 사회경제적 정책을 두고는 민주당과 논쟁해야 할 상황이 된 거죠."

윤석열 대통령과 한동훈 대표 관계를 어떻게 전망하십니까.

"한 대표는 자신이 살기 위해서라도 윤 대통령과 차별화할 수밖에 없어요. 제가 한 대표라면 윤 대통령 탈당, 김건희 씨 백담사행을 요구할 것 같습니다. 그렇게 해야 한 대표와 국민의힘이 살 수 있어요. 한 대표도 그렇게 하고 싶을 거라고 생각합니다. 그런데 대통령 임기가 절반도 안 지났고, 국가권력을 쥐고 통제할 수 있는 힘은 윤 대통령에게 있기 때문에 한 대표가 그 정도로 할 수 있을지 지금은 잘 모르겠습니다."

조국의 함성

윤석열 정부를 어떻게 규정하십니까.

"권력의 주체로 보면 검찰독재정권입니다. 권력자가 누구인가로 보면 윤석열·김건희 공동정권이고요. 정치학 교과서식으로 말하면 신권위주의 정권, 우리나라식으로 정치 지향을 따지면 극우·수구·친일 정권, 이렇게 볼 수 있겠죠."

이 정부의 가장 큰 문제가 뭔가요.

"선출되지 않은 권력의 국정개입이라고 봅니다. 민주공화국의 근본 원리는 선출된 권력에 의한 지배인데, 김건희라는 실질적 대통령이 있고 김 씨가 비선 명태균 등과 협의하면서 인사와 정책에 개입하고 있다고 봅니다. 진보·보수를 떠나서 민주공화국 운영 원리를 부정하는 거죠. 그것은 탄핵 사유입니다."

보수정부는 안정감이 있고 정통 엘리트와 시스템에 의존한다는 통념이 있는데, 이 정부는 그런 것 같지 않습니다.

"조·중·동의 사설이나 칼럼을 보면 '3류들이 감히 권력을 쥐락펴락해?' 이런 모멸감이 느껴져요. 제가 만나는 보수적 인사들에게서도 그런 정조가 보입니다. 명태균이나 김건희 같은 사람은 보수 엘리트 기준으로 3류일 수밖에 없어요. 보수 인사들은 품위·품격·예의 이런 걸 중시하는데 김건희·명태균 두 사람의 문자와 녹음된 음성을 보면 3류 수준의 어휘 구사예요. '품격도 없고 능력도 없는 사람들이 권력을 쥐락펴락한다' 이게 이 정부의 축이 무너지고 있는 이유라고 봅니다."

뉴라이트 인사들이 대거 공직에 진출했어요.

"극우 또는 뉴라이트가 검찰총장 윤석열을 정권 탈환의 도구로 내세웠다고 봅니다. 그렇게 해서 권력을 잡았으니 하려고 했던 걸 하는 거죠."

이 정부 미래를 어떻게 전망합니까.

"'명태균 게이트'가 조용히 끝날 것 같지 않습니다. 인사·정책 개입에 더해 이권 문제가 있는 것 같습니다. 제2의 국정농단으로 가는 상황이 벌어질 수밖에 없지 않나 생각하고요. 윤 대통령은 검찰 수사를 막으려 하고, 특검은 거부권을 행사하지 않겠어요? 그러나 문제가 추가로 나온다면 국민 인내심의 수인 정도를 넘어설 거라고 봅니다. 그 경우 헌법재판소의 탄핵심판으로 가는 길이 있는데, 윤 대통령은 그걸 잘 알기 때문에 헌법재판관까지 보수화하려 하죠. 검찰이라는 입구부터 헌재라는 출구까지 다 막으려는 건데, 그렇게 못 하도록 해야죠."

윤 대통령이 무엇을 해야 할까요.

"저라면 기자들 앞에 서서 사과하고 '검찰에서 수사를

해달라' '수사가 끝나기 전까지 아내를, 예를 들어 백담사에 보내겠다' 이렇게 할 것 같습니다. 그러나 그렇게 할 리는 만무해 보입니다."

윤 대통령이 임기단축 개헌을 수용할 가능성이 있다고 보세요.

"임기단축을 전격적으로 받으면 모든 이슈가 개헌으로 빨려들어 가고 개헌안 찬반 국민투표로 가게 될 테니 가능성이 있죠. 그러나 쉽게는 안 받을 것 같습니다. 임기단축을 받는다고 하는 순간 권력을 잃게 되고, 그 순간 검찰이 뒤를 치겠죠. 자기가 그런 것처럼 힘이 빠질 때 검찰이 뒤에서 물어뜯을 수 있다는 두려움이 있을 것 같아요. 그래서 받더라도 최대한 미룰 것 같습니다."

다음 대선에서 야당이 이길 거라고 보십니까.

"윤 대통령 지지율이 폭락하고 있지만 대선으로 가면 양쪽이 총집결할 거라고 봅니다. 우리나라에서 민주당 정부가 몇 번 있었는데, 어떤 조건에서 가능했던가 성찰이 필요해요. DJ는 JP와 연합했고, 노무현 전 대통령은 정몽준과 단일화했다가 틀어지는 과정이 있었죠. 문재인 정부는 단독 집권이었지만 촛불혁명이라는 아래로부터의 다수연합이 있었어요. 문재인 대통령은 정부의 안정성과 정권 재창출 가능성을 높이기 위해 정두언 전 의원, 노회찬 전 의원을 입각시키려 했지만 둘다 거절했죠. 그걸 뭐라고 부르건 다수연합 창출에 실패한 건데, 그것이 윤석열 정권 출발의 한 요인이었다고 봅니다. 지난 대선 때 민주당이 똘똘 뭉쳤는데 0.73퍼센트포인트 차이로 졌어요. 다시 한 번 똘똘 뭉치면 이긴다는 판단은 매우 위험하다고 생각합니다."

지금 민주당은 어떻게 보입니까.

"민주당이 검찰개혁, 사회경제개혁 문제에서 중도화를 선택하는데, 저는 너무 빠르다고 생각해요. 대선이 다가오면 중도화로 가야 한다는 데 반대하지 않아요. 그러나 지금 시점에 중도화 전략은 성급해요. 문재인 정부 후반기에도 과반 의석을 가진 민주당이 중도화로 갔어요. 그때는 '이낙연 대세론'이었죠. 지금은 이재명 대표가 된다고 다 생각하지 않습니까? 이재명 대표가 대권 1위 주자이고 민주당의 소중한 자산이기 때문에 이 대표를 키우고 돕는 건 민주당이 당연히 해야 할 일이죠. 그러나 특정 후보가 무조건 된다고 전제하고 당의 전략을 짜는 게 맞느냐는 겁니다."

다수연합 창출과 중도화 전략은 어떻게 다릅니까.

"박근혜 국정농단 때 다수파 연합은 탄핵을 해야 한다고 해서 탄핵에 합류한 거예요. '박근혜 탄핵'은 중도화 노선이 아니라 아주 선명하고 강경한 노선 아닙니까? 여기에 바른미

조국의 함성

래당이 와서 다수파가 만들어진 거잖아요."

문재인 정부의 검찰개혁을 어떻게 평가합니까.

"검경 수사권 조정, 공수처 설치, 자치경찰제 도입은 성과라고 생각합니다. 민주당이 다수 의석을 차지하면 2단계로 수사·기소 분리로 간다고 설정했는데, 제가 법무부 장관 되고 수사받고 피고인이 되면서 모든 게 깨졌죠."

문재인 정부 초반에 검찰 특수부의 힘이 더 강해졌어요.

"국정농단 수사와 공소 유지가 마무리되면 인사를 통해 검찰을 개편하려고 했어요. 그런데 서울중앙지검이 사법농단 수사를 대대적으로 벌입니다. 그러면서 검찰은 특수부 수사인력 유지를 주장했어요. 이건 추측입니다만, 박상기 법무부 장관과 조국 민정수석이 국정농단 수사 이후에 검찰을 전체적으로 개편하려고 한다는 걸 검찰이 알았을 것 같아요. 그래서 윤석열 서울중앙지검장, 한동훈 서울중앙지검 3차장 라인이 사법농단 수사를 치고 들어왔다고 추측합니다."

윤 대통령을 검찰총장으로 추천한 사람은 누구입니까.

"검찰총장후보추천위가 후보를 추천하는 것이니 저는 알 수 없죠. 다만 정상명 전 총장이 추천위원장이 되었을 때 저는 끝났다고 생각했어요. 정 전 총장이 윤 대통령의 주례를 섰잖아요."

조국 민정수석은 문 대통령에게 어떤 의견을 주었습니까.

　"그때는 저도 윤 대통령에게 나쁜 감정이 없었어요. 각
후보자의 장점과 단점을 다 말씀드렸죠. 윤 대통령의 경우 서
울중앙지검장으로 한 번 크게 올라왔는데 바로 총장으로 올라
가는 게 맞느냐, 문재인 정부에서 세 번의 검찰총장 임명이 가
능한데 한 명은 이미 했고(문무일 전 총장), 두 번째는 누구로 하
고 세 번째는 누구로 할 건지 종합적으로 판단해보셔야 한다,
그런 말씀을 드렸죠. 최종 결정은 대통령께서 하시는 거고요."

조 대표의 '자녀 입시비리 사건' 상고심 판결이 올해 나올 가능성이 있습니다.

　"매우 복잡한 법리적 쟁점이 있는 사건이라 시간이 조
금 걸릴 것 같다는 생각을 합니다. (유죄가 확정되거나 구속되는)
최악의 경우가 발생할 수 있는데, 그러면 당규상 수석최고위
원이 저를 대체하게 됩니다. 당에서 저의 역할이 상당하기 때
문에 그런 일이 벌어지면 당이 흔들릴 거라고 생각합니다만,
새로운 리더십은 위기가 닥쳐야 생기는 것 아닙니까. 위기를
주도적으로 수습할 사람이 나타나겠죠."

이른바 '조국 사태'에 대한 소회를 말씀하신다면.

　"제가 법리적으로 다 다투고 있습니다. 저로서는 이해

조국의 함성

할 수 없고 수긍할 수 없는 (1·2심) 판결이라고 생각합니다만 결과가 나오면 당연히 받아들이는 거죠. 어느 언론사에서 제가 스물몇 번 사과를 했다고 썼던데, 저는 계속 사과했고, 이번 재보선 때 부산 가서도 사과했습니다. 앞으로도 그렇게 할 겁니다. 다만 제가 바라는 것은 저에 대한 수사와 똑같은 강도와 기준, 규모로 윤석열 정권을 수사해야 한다는 것입니다. 이게 공정과 상식이라고 생각합니다."

과거에 정계 진출을 제안받고 '나는 정치근육이 없다'며 고사한 걸로 기억합니다. 이제 '정치근육'이 좀 생겼습니까.

"생겼죠. 제가 민정수석 떠날 때 대통령께서 국회의원 선거 출마하라고 권하셨어요. 출마 지역구까지 찍어주셨죠. 부산 어디와 서울 강남 어디에 가서 떨어지라고 하셨어요. 출마해서 떨어져라, 그러고 난 다음에 당선되라고 말씀하셨는데, 제가 못하겠다고 해서 법무부 장관 하고 (조국 사태) 이 일이 벌어졌죠. '조국 사태' 기간에 수모와 모욕과 조롱을 견디는 힘이 생긴 것 같고, 그 힘에 기초해서 작년 말 창당을 결심했어요. 제가 정치인으로 변신하고 좀 공격적, 공세적 모습으로 나아가지 않습니까? 견디는 힘에 기초해서 정치근육이 생긴 것 같습니다. 앞서 나가서 싸우는 근육이 생긴 것 같습니다."

/ 정제혁 논설위원

조국 "탄핵소추문 준비하고 있다…국민 분노 임계점 넘었다"

2024년 10월 26일 원내정당 가운데 처음으로 조국혁신당이 서울 서초구 대검찰청 앞에서 '윤석열 대통령 탄핵 요구 집회'를 열었다. 혁신당은 11월 2일부터 대구를 시작으로 전국을 돌며 탄핵 촉구 집회 '탄핵다방'을 열고 있다. 11월 6일 국회에서 '윤석열 정부 중간 평가 토론회'를 열었고, 이를 바탕으로 11월 중에 탄핵소추안 초안을 발표할 계획이다. 11월 4일 한겨레신문사에서 혁신당의 조국 대표를 만나 윤석열 대통령 탄핵에 대해 물었다. 조 대표는 "이 정권은 이미 끝났다. 특검에 동의하며 탄핵을 중심으로 가되 임기단축 개헌도 대비해야 한다"고 말했다.

'김건희·명태균 게이트' 이후 윤석열 대통령에 대한 지지율이 20퍼센트 이하로 급락했고, 윤석열 탄핵과 임기단축 요구가 터져 나왔다.

"내가 10월 28일 당대표 취임 100일에 '오동잎이 떨어졌다. 이제 가을은 왔다'고 표현했다. 어떤 사태가 벌어졌을 때 집권 여당이나 대통령실에서 절대 해서는 안 되는 일이 있다. 로펌(법률회사)이 돼서 법적으로 하자가 없다고 말하는 것이다.

예를 들어 대통령이 '김영선 해주라'는 말을 한 것이 대통령이 되기 하루 전이라며 빠져나가려고 한다. 정무적으로는 방어가 불가능하고 오직 법기술로 대통령이 탄핵당하는 것만 막으려는 것이다. 그 점에서 이 정권은 이미 끝났다."

더불어민주당 주류는 현재 탄핵이나 임기단축 개헌보단 먼저 특검법을 처리해야 한다는 분위기다.

"지금 명태균 게이트 등에 대한 수사를 통해 혐의가 확정되는 것이 유리하다. 그런데 검찰이 움직이지 않으니 특검을 통해 증거를 확보하고 그다음으로 가자는 것이다. 그 점에 대해서는 모두 동의한다. 그런데 우리는 탄핵소추문도 준비하고 있다. 지금 국민의 분노 상태가 임계점을 넘었기 때문이다. 우리 역사에서 국민이 자신의 힘으로, 자신의 참여로 잘못된 정권을 몰아낸 경험이 있다. 그것이 중요하다. 우리 국민이 1987년 6월항쟁에서 사실상 전두환 정권을 밀어냈다. 물론 그 전에 4·19 혁명도 있다. 그리고 2016~2017년 촛불혁명을 통해 탄핵을 이뤄냈다. 박근혜 탄핵을 헌법재판관들이 했다고 생각할 수 있다. 그러나 실제로는 국민이 촛불을 통해서 탄핵을 이끌어냈다."

민주진보 진영 안에서도 탄핵하자는 쪽과 임기단축 개헌을 해야 한다는 의견이 동시에 나오고 있다. 어느 방향으로 가야 하나?

"혁신당이나 내 기본 입장은 탄핵이다. 그러나 임기단축 개헌도 포기할 카드는 아니다. 오늘 개혁신당도 공식 당론으로 임기단축 개헌을 이야기했고, 며칠 전 시민사회 원로들도 2년 임기단축 개헌을 주장했다. 민주당과 혁신당 일부 의원이 이것을 추진하는 모임도 만들었다. 둘 중 하나를 선택하는 문제가 아니다. 정국이 어떻게 될지 모르니 탄핵을 중심으로 가되 임기단축 개헌도 대비해야 한다."

국민의힘 의원들을 끌어들이려면 탄핵보다는 임기단축 개헌이 좀더 낫다는 의견이 있다.

"민주당과 혁신당, 개혁신당, 진보정당들이 합의하고 국민의힘에서 일부가 오면 임기단축 개헌이 가능하다. 근데 시민의 관점에서 보면, 국회에서 헌법개정특별위원회가 만들어지는 순간 세상을 바꿔야 한다는 국민의 긍정적 분노와 에너지가 갑자기 사라져버릴 수 있다. 그래서 개헌의 출발은 탄핵을 통해 윤석열을 파면하는 것이다. 주권자의 에너지를 키우는 것이 먼저다."

임기를 단축하는 것이 법률 불소급의 원칙에 어긋나지 않느냐는 것이다.

"전혀 위배되지 않는다.(조 대표는 그 자리에서 휴대전화로 관련 헌법 조항을 찾았다.) 헌법 제128조 2항에 '대통령의 임기 연장 또는 중임 변경을 위한 헌법 개정은 그 헌법 개정 제안 당시

조국의 함성

의 대통령에 대하여는 효력이 없다'고 돼 있다. 다시 말해 임기를 연장하는 개헌은 안 된다는 뜻이다. 그러나 임기단축 개헌에 대해서는 금지하는 내용이 없다. 헌법상 윤석열의 임기를 늘리는 것은 안 되지만, 줄이는 것은 가능하다. 이 조항을 가지고 임기단축 개헌이 안 된다고 말하는 것은 잘못됐다."

이번에는 대통령 탄핵만이 아니라 개헌이 필요하다는 의견이 많다. 개헌을 통해 정치체제를 바꿔야 한다는 의견이다.

"개헌안까지는 아니지만, 혁신당이 2024년 4월 제7공화국 개헌 7대 제안을 발표했다. 여기에서 정치체제 관련해선 4년 중임제로 가는 게 좋다는 내용이 포함됐다. 대통령 임기 중간에 총선거를 치르는 것도 필요하다. 결선투표 도입은 연합정치를 가능하게 하고, 후보 단일화에 따른 어려움도 줄인다. 삼권분립과 관련해선 이번 정부에서 검찰처럼 움직인 감사원을 국회의 통제를 받도록 하는 게 좋겠다. 현재 기획재정부가 예산편성권을 독점하는데, 기재부에서 예산권을 별도의 기관으로 떼 내는 게 필요하다. 사법부의 대법관과 헌법재판관 추천·임명권이 현재 대통령과 여당에 치우쳐 있는데, 여야 간에 비율을 조정할 필요가 있다."

검찰개혁은 문재인 정부의 주요 과제였지만, 결정적으로 실패한 과제였다. 검찰개혁의 실패가 오늘 윤석열 정부를

만들었다고 해도 과언이 아니다. 조 대표는 청와대 민정수석
과 법무부 장관으로서 문 정부 검찰개혁의 주요 실행자였다.
조 대표에게 검찰개혁에 대해 물었다.

문재인 정부는 왜 윤석열 검찰총장을 임명했나?

"당시 내가 청와대 민정수석이었고, 포괄적 책임이 있
다. 나이브했고 송구하다. 그 문제로 문재인 대통령을 비난하
는 사람도 있다. 그런데 2017년 대선 후보였던 이재명 성남시
장도 '윤석열 검사를 검찰총장으로 기용하겠다'고 말했다. 그
게 당시 민주당이나 문재인 청와대의 공통된 인식이었다. 내
가 당시 4명의 총장 후보를 면접했다. 그런데 당시 윤 후보만
'공수처 설치, 수사·기소 분리 등 문재인 정부의 검찰개혁에
동의한다'고 했다. 나머지 3명은 '평생 검사로 살아왔는데, 총
장이 돼서 수사·기소 분리를 찬성하지는 못하겠다'고 했다.
(윤 후보가 거짓말한 것이지만) 이런 점도 중요한 이유가 됐다."

**당시 조 민정수석과 최강욱 민정비서관은 윤석열 총장 임명에 반대했다고 알려
져 있다.**

"내가 그것을 말하면 당시 조국 수석은 이렇게 했고 문
재인 대통령은 저렇게 했다는 이야기가 된다. 그건 예의가 아
닌 것 같다. 다만, 나는 윤석열 후보의 장단점을 다 보고했다."

윤 후보의 단점은 뭐였나?

"먼저 '검찰주의자'로서 검찰의 이익밖에 모른다는 이야기가 많았다. 둘째는 순식간에 말을 바꾼다는 이야기였다. 자리를 위해서 무슨 말이든 할 수 있는 사람이니 지금 후보로서 하는 이야기를 믿지 말라는 사람들도 있었다. 그러나 사람에 대해서는 알기 어려워서 이런저런 평가가 있다고 종합적으로 보고했다."

윤 후보의 장점은 뭐였나?

"국정농단 수사에 당시 많은 비난이 있었음에도 책임감 있게, 뚝심 있게 해온 사람이라는 점이었다."

문재인 정부는 왜 수사·기소 분리라는 검찰개혁의 대원칙에 따르지 않았나?

"2017~2018년엔 민주당 의석이 과반수가 안 됐기 때문에 수사·기소 분리 법안을 국회에서 통과시키는 것이 불가능했다. 2020년 1차 검찰개혁 법안도 바른미래당의 도움을 받아 겨우 처리했다. 그래서 검·경 수사권 조정, 고위공직자범죄수사처 설치, 자치경찰제 도입을 먼저 했다."

2020년 총선에서 국회 과반수를 차지한 뒤에는 왜 수사·기소 분리를 추진하지 않았나? 당시 문재인 청와대가 반대한다는 이야기가 많았다.

"그때는 떠나 있었기 때문에 청와대 사정을 알 수 없다.

다만 2020년 총선에서 민주당이 과반수를 차지한 뒤에도 수사·기소 분리를 주장하는 여당 쪽 국회의원은 최강욱, 황운하, 김용민 정도밖에 없었다. 당시 민주당 주류는 수사·기소 분리를 원하지 않았다. 지금도 민주당이 압도적 다수지만, 검찰개혁 법안도 만들지 않았다. 언제 법안을 낼 것인지도 기약이 없다. 혁신당은 2024년 6월 검찰개혁 법안을 만들어 발표했다."

왜 민주당이 검찰개혁 법안을 내지 않을까?

"이 문제에 대해 이재명 대표와 이야기해보지 않았다. 다만, 검찰개혁을 추진하면 검찰의 반발이 너무 셀 것이고 중도층까지 반발해 민주당의 지지 기반이 약해질 수 있다고 우려하는 것 아닌가 싶다."

조국 사태와 검찰정권을 겪고도 그런 생각을 할까?

"민주당엔 아직도 '수사·기소 분리를 꼭 해야 하냐'고 말하는 사람도 있다. 집권당이 되면 현재의 검찰이 필요한 것 아니냐고 생각하는 사람도 있는 것 같다. 인사를 통해 좋은 검찰총장을 앉히면 되는 것 아니냐고 생각하는 것이다."

2024년 4월 총선에서 조국혁신당은 돌풍을 일으켰다. 비례대표 투표에서 24퍼센트의 지지를 얻어 12석을 차지하는 대성공을 거뒀다. 또 윤석열 정권 심판을 전면에 내세워 야권이 대승하는 데도 큰 힘을 보탰다. 이것은 혁신당이 처음 등장했을 때는 예상치 못한 결과였다. 혁신당의 정치와 조국의 정치에 대해 물었다.

총선 때 30퍼센트에 육박하던 지지도가 현재 10퍼센트 미만으로 떨어졌다.

"총선 때 여론조사는 1인 2표여서 비례대표 정당을 따로 물었다. 그래서 민주진보 유권자들이 부담 없이 혁신당을 지지했고 30퍼센트까지 나온 것이다. 총선 뒤엔 모든 조사가 1인 1표이고, 현재 10퍼센트 안팎이다. 민주당은 35퍼센트 정도 나온다. 민주당과의 당세를 비교하면 많이 나온 것이다. 갤럽에서 정당 호감도 조사를 하는데, 여기서는 민주당보다 약간 낮다. 혁신당의 역할을 보여주는 것이다. 혁신당은 스스로의 파이가 있고, 파이 전체를 키운다. 앞으로 대선에서도 마찬가지다. 정권교체를 원한다면 혁신당이 필요하다."

다음 대선에 출마하나?

"너무 성급한 질문이다. 지금 모든 언론매체가 내가 내년(2025년)에 법정 구속될 것이라고 전망한다. 원래 올해 안에 구속된다고 고사를 지내다가 최근에는 내년으로 바뀌는 것 같다. 그런데 시기는 전혀 예측할 수가 없다. 내 사건은 사실이 다 정해져 있고, 법리에 따라 유무죄가 갈린다. 매우 복잡한 사건이다."

만약 대법원에서 파기 환송된다면 다음 대선에 나가나?

"현재는 민주당의 이재명 대표가 압도적 1위를 하고 있다. 지금은 이재명의 시간이다. 감사하게도 나도 대선 후보 여론조사에서 5~7퍼센트 정도 나오더라. 그런데 나는 경륜도 짧고 초짜 정치인이기 때문에 대선 이야기는 성급한 일이다."

국민의힘에선 이재명 대표 재판에서 유죄선고가 나면 이재명의 시간이 끝나고 자신들의 시간이 온다고 보는데.

"참 한심하다. 먼저 이재명 대표에 대한 1심 선고에서 유죄가 나오더라도 2심, 3심까지 가야 한다. 또 유죄선고를 받아도 민주당 안에서 이 대표의 위치가 흔들리지 않을 것 같다. 둘째로 국민의힘과 용산은 조국과 이재명이 유죄판결로 구속되는 것 외에는 아무런 비전이 없다. 지난 2년 반처럼 앞으로도 아무것도 못 할 것이다. 정치해선 안 될 사람들이다."

2019년 8월 조국 법무부 장관 후보자 지명으로 이른바 '조국 사태'가 시작됐다. 이 사건은 조 대표의 인생뿐 아니라, 한국 현대사에도 매우 큰 사건이었다. 이 사건으로 문재인 정부가 흔들렸고, 윤석열 검찰총장이 다음 대통령이 됐다. 조 대표 가족과 주변 사람들은 검찰의 엄청난 수사를 받았다.

2019년 조국 사태 또는 윤석열의 검찰 쿠데타는 왜 일어났나?

"김건희 씨의 육성녹음을 들어보면 나에 대한 적대감이 엄청났다. 김건희 씨의 영적인 판단이 2019년 윤 총장의 수사 결정에도 큰 영향을 줬을 것으로 본다. 과거엔 그렇게까지 생각지 않았지만, 최근 들어 명태균 사건을 보면 그런 생각이 든다. 또 제이티비시(JTBC) 보도를 보면, 윤석열·김건희 부부가 내가 대통령이 되는지 사주를 보기도 했다. 자기들 사주를 봐야지 왜 내 사주를 보나?

물론 공적인 이유도 있다. 내가 법무부 장관이 되면 민정수석과 달리 검찰 인사권을 갖는다. 또 내가 장관이 되면 수사·기소 분리로 나아가려고 했다. 이 두 가지에 대한 검찰의 조직적 반발 성격이 있었다. 검찰 안에 그런 의견을 가진 사람들이 있었고, 윤석열이 그 얼굴마담이었다. 또 윤 총장이 나한테 사모펀드 비리가 있다고 믿고 수사를 시작했는데, 알다시피 사모펀드는 전혀 문제가 없었다."

당시 법무부 장관 맡은 걸 후회하나?

"당연하다. 내가 민정수석 마치고 나올 때 청와대와 민주당에 있는 친구, 선후배들의 99퍼센트가 국회의원 선거에 출마하라고 했다. 그래서 강남구 어디, 부산 어디 하고 지역구도 추천해주고 '나가면 떨어질 텐데 그다음엔 어떻게 하라'는 구체적 코치까지 했다. 나는 순진한 생각이지만 대학으로 돌아가고 싶었다. 논문지도 제자들이 줄을 서서 기다리고 있어

돌아가려고 했다.

그런데 문재인 대통령이 검·경 수사권 조정과 공수처 설치 등 검찰개혁을 지휘했으니 법무부 장관으로 가서 후속 작업을 하는 게 좋겠다고 말했다. 그래서 장관으로 가서 1년에서 1년 반 정도 짧게 하고 나오려고 했다. 다음 해인 2020년 4월 총선이 있어서 집권당이 이기면 법률 개정이 쉬워질 것 같았다. 법률을 완비하고 나와야겠다고 생각했다. 아주 나이브한 생각이었다."

조국 사태 이후 오랜만에 한겨레를 찾아왔는데, 기분이 어떤가?

"2019년에 한겨레를 포함해 모든 언론이 법무부 장관 후보자를 검증한 것은 당연한 일이다. 다만, 당시 출발점이 사모펀드 문제였는데, 그 문제에 대해 나는 기소도 안 됐고 배우자는 다 무죄를 받았다. 그러다가 아이들 표창장과 인턴 증명서 등으로 확대된 것이다. 그 점은 말씀드리고 싶다.

그리고 윤석열 검찰이 나뿐만 아니라 문재인 정부와 관련해 많은 수사를 했는데, 재판에서 전부 무죄나 일부 무죄가 나온 사건들이 있다. 수사 당시에는 어느 것이 옳은지 알 수 없었고 한겨레에서도 문재인 정부보다 윤석열 검찰을 더 믿었던 분도 있을 것이다. 그러나 이제 재판 결과까지 나왔다면 한번 돌아봐야 하지 않을까? 지금은 당시 윤석열 검찰의 주장이 옳았다고 생각하는 사람은 거의 없을 것 같다."

조국의 함성

마지막으로 하고 싶은 말은?

"나는 한겨레21을 포함해 언론인이나 독자들이 나에 대해 비판하는 것을 당연히 감수한다. 내게 흠결과 한계가 있다. 내가 잘못한 것을 인정해왔다. 그와 동시에 2019년 그 사태 때 있었던 일을 종합적으로 봐달라 말씀드리고 싶다. 윤석열 검찰이 내세웠던 공정과 상식, 살아 있는 권력에 대한 수사의 허구성도 같이 봐달라. 나는 그것을 해결하는 방법으로 조용히 집에 처박혀 있는 대신 나와서 정치를 하게 됐다. 내가 장관을 할 때 검찰개혁의 불쏘시개가 되겠다고 했다. 그런데 불쏘시개만 됐고 검찰개혁을 못해서 다시 정치를 하게 됐다. 윤석열 정권을 끝내고, 검찰을 해체하는 불쏘시개가 되겠다. 그 불쏘시개가 된 뒤에 다 타지 않고 남은 몽둥이가 있다면 국민이 그것을 가지고 또 다른 데 쓸 것이다."

/ 김규원 선임기자, 김완 기자

조국의 함성

1판 1쇄 펴낸날 | 2025년 2월 10일
1판 2쇄 펴낸날 | 2025년 2월 12일

지은이 조국
펴낸이 오연호
편집장 서정은 마케팅·관리 이재은

펴낸곳 오마이북
등록 제2010-000094호 2010년 3월 29일
주소 서울시 마포구 월드컵로14길 42-5 (04003)
전화 02-733-5505(내선 271) 팩스 02-3142-5078
홈페이지 book.ohmynews.com 이메일 book@ohmynews.com
페이스북 www.facebook.com/Omybook

책임편집 서정은
교정교열 배영하
디자인 여상우
인쇄 천일문화사

ⓒ 조국, 2025

ISBN 978-89-97780-60-0 03300

오마이북은 오마이뉴스에서 만드는 책입니다.